授業にすぐ使えて
子どもが夢中になる！

1年生

国語・算数
あそび

福岡教育大学附属
福岡小学校

香里ヌヴェール学院
小学校

渡邉駿嗣 著　　樋口万太郎 監修

学陽書房

はじめに

　本書は、１年生の子どもたちが楽しみながら授業のおもしろさに気づいていける国語科と算数科のあそびを110個！　集めたものです。

　「５分あそび」「15分あそび」「45分あそび」とかかる時間に分けてあそびを構成しています。学級の実態や単元の進み具合などに合わせて柔軟に使ってもらえるようになっています。

　さらに、それぞれの教科を領域で分けて、身につけるべき資質・能力がわかりやすいよう構成しています。

　１年生にとって未知との遭遇の連続である小学校生活において大部分を占めるのは「学習」です。45分間を１単位時間とした学習を１日に５時間、６時間とこなしていかなくてはなりません。

　そんな長い時間、机に座って、教師の話を聞いたり考えたり話し合ったりしなければならないのは、意外と大人でもきついと思いませんか？

　しかも、１年生は小学校６年間の入口とあって、「書く」や「数える」など基礎的なことを繰り返すことも多くなってきます。

　ただでさえ、「小学校」というものに慣れるために一生懸命なのに、それでは子どもも先生もきついですよね。私自身も45分間の学習が「ただ読む」「ただ計算する」ものであってほしくないと思っています。

　そんなとき、あそびを取り入れると、読んだり、書いたり、計算したりが、ゲーム感覚でとてもおもしろいものになります。あそびながら基礎的な練習ができるようになるのです。

学びにあそびを取り入れるよさは、子どものためだけにとどまりません。いまでは働き方改革やICTの導入などで教員の働き方も大きく転換の時期を迎えています。ただでさえ時間のない中で、全ての子どもが参加したくなる授業を行うために、あそびはとても有効で、教員の学級経営を支えてくれる力になります。

　とくに若手の先生の中には経験が少なく、1年生を担任することに不安を感じている方もいらっしゃると思います。そんな先生方へ、1年生の子どもたちに楽しく授業に取り組んでもらう手立てとして、ぜひ本書を役立ててほしいと思っています。

　授業の導入であそびを入れてもよいですし、展開の部分にあそびを位置付けてもよいです。何なら1時間まるっとあそびに浸りながら学びを深めるのもいいでしょう。

　本書を使った実践がどこかの学級の子どもたちを楽しませることができればとても幸せに思います。

2024年1月吉日

渡邉　駿嗣

CONTENTS

書いてあそぶのおもしろい！

読んであそぼう！

PART 2

数や図形が楽しくわかる！
算数あそびであそぼう！

データ活用で楽しもう！

PART

1

\ 文字や言葉っておもしろい！ /

国語あそび
であそぼう！

＼ こんな力が身につく！ ／

国語の各領域の
あそびのつかいかた！

国　語の時間、1年生はひらがな、漢字など文字を使った学びに入る最初の時期です。ぜひ学びに憧れるわくわくとした気持ちをそのまま生かし、楽しい学びの世界へと誘うためにあそびを使いたいですね。

　本章では、国語の各領域のテーマに合わせてのあそびをたくさん紹介しています。それぞれの領域について、どんな力をつけるために、どんなふうにあそびを活用していただくとよいかをこの見開きにまとめました。

● 学習指導要領が目指そうとしていること

　中央教育審議会の答申において、「小学校低学年の学力差の大きな背景に語彙の量と質の違いがある」と指摘されています※。

　語彙は、全ての教科等における資質・能力の育成や学習の基盤となる言語能力を支える重要な要素です。これを解決するために、語彙を量・質の両面からの授業改善が求められています。

　そのため、学習指導要領の中では、各学年において指導の重点となる語句のまとまりを示すと共に、語句への理解を深める指導事項を系統的に示しています。さらに、授業改善のための言語活動の創意工夫や、読書指導の改善充実も同時に求められています。

　本章では、まず1年生が楽しみながら語彙を増やせるあそびをたくさん紹介しています。すぐ短い時間で取り組めるので、「今日の国語の学習の最初にやってみようかな」という使い方もよいと思います。

※小学校学習指導要領（平成29年告示）解説「国語編」（平成29年7月）文部科学省

また、いろいろな言語活動をするあそびのアイデアを紹介しているので、授業展開やまるごとの授業に使うのもおすすめです。「今度の研究授業で、これを位置付けて単元を組んでみよう」という使い方でもよいと思います。

読書指導に使えるあそびも紹介しています。入学後の図書室を紹介する折のあそびにしたり、長期休みの前に休み中に読む本を探すのを兼ねたあそびにしてもいいですね。

● 「言葉」は大切なコミュニケーションツール

入学したての1年生の子どもたちの言語の習得レベルはさまざまです。学びのステージがバラバラでも、子どもたちが、楽しく「話す」「聞く」「読む」「書く」の学びを進めることができるように、学習の内外で「言葉」を使ったあそびを展開していきましょう。

国語の時間に限らず、本章のあそびをスキマ時間にも行ったりすることは、これから小学校で学びを進めていく子どもたちにとってより実りある時間になるはずです。言葉を使ったあそびを進めていくと自然とコミュニケーションも上手にできるようになっていきます。

● アレンジが無限に可能な「国語あそび」

「話す」「聞く」「読む」「書く」という国語科の領域はコミュニケーションという部分で強い結びつきがあります。個々の領域で、授業の中であそびを位置付けてもよいですし、それぞれの領域のあそびを組み合わせて、単元を通して位置付けていくこともよいでしょう。

本章のあそびは、1単位時間の導入、展開、終末のどの段階にも使用可能です。目の前の子どもに合わせて難易度やあそび方を変えてください。どんな使い方でも、あそびのねらいに教科の見方・考え方がしっかり入っているので、学びが定着していきます。先生方の使い方次第で、無限にアレンジができる「国語あそび」になっています。

話すこと・聞くことを楽しもう！

5分
あそび

新学期すぐの授業導入にも最適
オノマトペであそぼう！

Let's オノマトペ

ねらい

表現に合ったオノマトペを考えることを通して、
表現の幅を広げることができる。

あそびかた

何が入るかな？　let'sオノマトペ！　いまから先生が言う文章の間に入るオノマトペを考えましょう。
たとえば、火がパチパチ燃えるとか、雪がコンコン降っているとか、この「パチパチ」「コンコン」というのがオノマトペという様子を音で表す言葉だよ。

あそんでみよう！

ではお題です。「雨が○○○○○○降っています。」
この間に入る言葉を考えましょう。

「ピチピチ」とか！　「あめあめふれふれ」の歌詞にも出てくるよね。

僕は、「ザーザー」もいいと思うな。土砂降りな感じ！

音で降り方の勢いが違いますね。そうしたら、とてもたくさん雨が降っている様子の言葉をもっと探してみましょう！

5 分
あそび

話すこと・聞くことを楽しもう！

新学期のアイスブレイクにも！
文字を意識できる言葉あそび

禁止りとり

ねらい

「禁止ワード」を設定して、しりとりをすることで、
単語の中にある１つ１つの言葉を意識することができる。

あそびかた

言ったらだめだよ？　禁止りとり〜！　いまから先生が
言う言葉を使ってしりとりをしてはいけませんよ。禁止
ワードをひらがな１文字で言うので、そのひらがなを使わ
ないしりとりを５分間やって見ましょう。たとえば、「ら」
が禁止ワードのときは、「ごりら」とかが使えません。禁止
ワードを使った人はアウトで、そこからまた始めます〜。
（注：再度考えれば大丈夫というルールにしてもよい）

あそんでみよう！

では禁止ワードを「ま」にします。さあ、禁止りとり！

「りんご」

「ごま」。あ、「ま」はダメだった！
じゃあ、「ごりら」にしよう！

[中略]

単語の中にある１つ１つの文字に気をつけて
しりとりができましたね！

話すこと・聞くことを楽しもう！

声の大きさを意識できる！
TPOに合わせた声の大きさを知ろう！

音量メーター

ねらい

さまざまな声の大きさで会話をすることで、
場面に合った声の大きさを理解することができる。

あそびかた

どれくらいの大きさかな？　音量メーター！　いまから先生が言う声の大きさで隣の人と会話をしましょう。
声の大きさは先生が言います。「ありさんの声、犬さんの声、象さんの声」のどれかで話をしてくださいね。
（それぞれ先生が見本になる声の大きさを出す。先生が手を伸ばしたり縮めたりのジェスチャーやフリップなどで視覚的にも示すとよい）

あそんでみよう！

では、まずは「ありさんの声」で隣と話しましょう。

ねぇねぇ、昨日の夕飯何食べた？（ひそひそ声で）

「昨日はハンバーグだったよ」（ひそひそ声で）

次は象さんの声で！（ジェスチャーかフリップで示す）

いいなぁ！　私ハンバーグ大好き！（大きな声で）

相手や場所に合わせて声の大きさを変えていけるといいですね。

04

5分 あそび

話すこと・聞くことを楽しもう！

パッと集中させたいときに！
滑舌を意識して言ってみよう！

早口リレー

ねらい

列や班対抗で、早口のリレーを行うことで、
口をしっかり動かして発音することができる。

あそびかた

全員噛まずに言えるかな？　早口リレー！　いまから先生
が言う早口言葉を班で順番に噛まずに言えたら終わりで
す。誰かが引っかかったり、間違えたりすると最初からも
う一度始めます。

あそんでみよう！

ではお題を言います。「アカマキガミ　アオマキガミ　キマ
ギガミ」です。さあ始めましょう。

アカマキガミ　アオマキガミ　キ…マキカミ？

あー！　最初からだ！
マキガミだよ！
落ち着いて口を動かして
言えば大丈夫！

口をしっかり動かすって
大切なことですね。

05

5分 あそび

話すこと・聞くことを楽しもう！

ワーキングメモリを強化！
聞いたこと覚えているかな？

クイズ！　サッキノハナシ

ねらい

教師が話したことからクイズを出すことで、話の中に出てきた
人物や事柄に着目しながら聞くことができる。

あそびかた

 先生がこれから1分間程度の話をします。話をしたあとに、
お話の中から、問題を出すので、答えてくださいね。

あそんでみよう！

 先生ね、昨日夜ご飯を外に食べに行ったんだ。でも、最初に行っ
たハンバーグ屋さんは6人待ちで、おなかがすいて待てなかっ
たから、結局ラーメン屋さんで、高菜ラーメンを食べたよ。さて、
問題です。先生が、最初に行ったお店は何屋さんだったでしょう。

 あれ？　ステーキ屋さんだったかな…違う！
ハンバーグ屋さんだ！

 正解です。では、ハンバーグ屋さんでは、私を入れて何人
待っていたでしょうか？

 6人だ！

 いや、先生も入れてだから7人待っていることになるね。

 さすが！　算数の力も必要な問題でしたね！

5分
あそび

話すこと・聞くことを楽しもう！

いろいろな言葉を見つけられる！ 逆さまにしても意味が通る言葉を見つけて伝えよう！

Let's! サカサマ

ねらい

逆さまにすると言葉の意味が変わる言葉を探すことを通して、語彙を増やすことができる。

あそびかた

いまから、ひっくり返しても意味が通る言葉を探します。たとえば、「ごま」は「まご」になりますよね。班で対抗戦にします。できるだけ多くの組み合わせを見つけた班の勝ちになります。

あそんでみよう！

さかさま言葉を探そう！ Let's サカサマ！
ひっくり返しても意味が通る言葉を探してみよう。

「にわ」は「わに」になるよ！

「きた」は「たき」になった！

「にわにわに」にしたら
下から読んでも同じだ！

もっとおもしろい組み合わせを見つけたいな。

話すこと・聞くことを楽しもう！

5分 あそび

表現力を高められる！
感情を表わす言葉を集めよう！

エモーショナルワード

ねらい 感情を表わす言葉を集めることを通して、喜怒哀楽にもさまざまな表現があることを理解する。

あそんでみよう！

 感情を表わす言葉を探して発表しましょう。喜ぶ、怒る、悲しい、楽しいのどれかを選んでね。その感情に合う言葉を見つけて発表します。

 悲しいということを表わすのに、へこむって言葉アリだよね。

 涙するって言葉も悲しいことを表わしているよ。

話すこと・聞くことを楽しもう！

5分 あそび

ヒントの出し方を考えられる！
答えに導く3つのヒントを考えよう！

スリーヒントクイズ

ねらい 自分が考えたクイズを説明するためのヒントを3つ考えることで、説明する力をつける。

あそんでみよう！

 自分が決めたお題を、それがわかる3つのヒントを考えて発表して、みんなに当ててもらいましょう。

 「小さいです」「黒いです」「昆虫です」。

 アリかな。

 正解！

09

5分
あそび

話すこと・聞くことを楽しもう！

考えたことをすぐ言葉にできる！
自分が思っていることを止まらずに話そう！
ノンストップスピーク

ねらい 自分が考えていることを音声言語として即座に表出することができるようになる。

あそんでみよう！

> 隣の人とペアになって自分が話したい話題について１分間できるだけ止まらずにたくさん話しましょう。（１分話し終わったら話し手を交代する）

> 昨日の夜ご飯について話します。昨日は、とんかつを食べました。とんかつにはソースをかけるのが普通ですが、うちでは、しょうゆをかけます……。

10

5分
あそび

話すこと・聞くことを楽しもう！

話題に沿って話す力を鍛える！
相手とできるだけたくさん話そう！
ノンストップトーク

ねらい １つの話題について相手が話していることを聞き取りながら、即座に自分の考えを伝えることができるようになる。

あそんでみよう！

> 隣の人と話す話題を決めて、
> ５分間できるだけ止まらずに会話しましょう。

> 朝ご飯で和食か洋食なら、和食かな。
> だってバランスいいでしょ？

> 洋食だってバランスとれているよ。
> 牛乳も飲めて健康にもいいと思うよ？

話すこと・聞くことを楽しもう！

話題に沿った質問力をつける！
話題に対する質問をたくさんしよう！
週刊〇〇

ねらい

友達が話した話題について、その話を詳しく掘り下げる質問を
考えて聞くことができる。

あそびかた

話題を深めよう！　週刊〇〇！　まず、1人が自分が話し
たい話題について1分程度話します。
そのあと、その話題を深めることができるように同じ班の
人が質問をしましょう。

あそんでみよう！

話題を深めよう！　週刊〇〇！
友達の話を深める質問をしよう！

私はねこを飼っています。名前は「おはぎ」です。

どうしておはぎなの？

体が黒くて、おなかが白いから、おはぎ
っぽいなと思ってつけました。

話すこと・聞くことを楽しもう！

1つの話題でたくさん話す力を！
給食について熱く語ろう！

トーキングランチ

ねらい

給食で出た献立の味やそれに対する自分の思いなどを話すことを通して、自分の考えを伝える力をつけることができる。

あそびかた

 給食について熱く語ろう！　トーキングランチ！　今日の給食を振り返りましょう（午前中なら、昨日の給食でもかまいません）。何がおいしかったか、何がよかったかをたくさん見つけよう。基本的にポジティブな言葉を使おうね。

あそんでみよう！

 給食について熱く語ろう！　トーキングランチ！　今日の給食は、ご飯、牛乳、豚肉とウズラの卵の中華煮、春雨スープでした。

 中華煮の味付けがとてもよかったよね。

 わかる！　わかる！　辛すぎない感じがとても好きだな！

 僕、ご飯にかけてみたんだけれど、とてもおいしかったよ！

※情報端末で録音をして自分たちの会話を振り返っても楽しめます。

15分 あそび

話すこと・聞くことを楽しもう！

部分を聞き取る力をつける！
一度にたくさんの言葉を聞き分けよう！

合体ボイス

ねらい

何人かが同時に言う言葉を聞き分けて、それを並び替えて言葉をつくることができる。

あそびかた

まず、お題を決めて誰がどの言葉を言うか決めます。そのあと、全員一緒に言葉を言います。聞いている人はそれを聞き分けて何という言葉になるか考えます。

あそんでみよう！

何と言っているか聞き分けろ！　合体ボイス！
何て言ってるかな？

 あ つ い さ

一人はわかったぞ！　「つ」って言っているな。

私は、「さ」って言っている人を見つけたよ！

「い」って聞こえたような……。

もしかしたら「あいさつ」じゃない？

正解！　答えはあいさつです！

15分
あそび

話すこと・聞くことを楽しもう！

ワーキングメモリを鍛えよう！
いくつ覚えられるかな？

マジカルナンバー7

ねらい

教師が言う言葉をできるだけ覚えて、後ろの人に伝えることができる。

あそびかた

列対抗であそびます。まず、先頭の人が教師からお題となる言葉を7つ聞きます。それをできるだけ覚えて、後ろの人に伝えます。伝えることができるのは1回です。最後の人が覚えている言葉の数が多い列の勝利です。

あそんでみよう！

いくつ覚えられるかな？　マジカルナンバー7！　いまから先生が、先頭の人に7つの言葉を伝えるよ（先頭の子に耳打ちで「キュウリ、ナス、トウモロコシ、トマト、ゴボウ、ピーマン、オクラ」と伝える）。

キュウリ、ナス、トウモロコシ、トマト・・・あと何だっけ？

がんばって思い出してよ〜！　あと3つあるよ！

（最後の人まで続ける）

すごい！　全部ちゃんと伝わっている！　やったー！

すごいですね！　次の列にいきますね！

話すこと・聞くことを楽しもう！

相手の様子を見ながら話す力！　できるだけ相手にわからないようにヒントを出そう！

テルミーワード

ねらい

相手がわかるかわからないかレベルのきわどいヒントを出すことで、そのものについての説明する力をつける。

あそびかた

まず、班の中で回答者を決めます。それ以外の班員はお題を見て、ヒントを出す順番を決めます。班員が6個ヒントを出すまでに答えがわかったら回答者の勝ちです。

あそんでみよう！

きわどいヒントを出そう！　テルミーワード！
さあどうぞ！

（回答者以外の班員がお題を見て）黄色い生き物だね。茶色も入ってるよ。ちなみに肉食動物ではないよ。

動物園ではよく見かけるよ。首が長いよ！

あ！　わかった！　キリンだ！

正解です！

16

15分
あそび

話すこと・聞くことを楽しもう！

二項対立の話題で話す力！
どちらかに分かれて相手を納得させよう
どっち派？

ねらい

1つのお題に対して2つの立場に分かれて話し合うことで、自分の考えを伝えたり、相手の考えを聞いたりすることができる。

あそびかた

 いまから立場が2つに分かれるお題を出します。班の中で二手に分かれて、それぞれのよさを話し合います。

あそんでみよう！

 相手を納得させられるかな？　どっち派？
ペットにするならイヌかネコかどっち？
二手に分かれて話し合いましょう。

 私はイヌがいいです。なぜなら、
一緒に散歩に行けるからです。

 僕はネコがいいです。だって、
鳴き声が小さいから飼いやすいよ！

 （最後の人まで続ける）

 3対1でイヌ派が多かったね。

 相手の考えを大切にしながら、
話し合うことができましたね。

45分
あそび

話すこと・聞くことを楽しもう！

学年初めに有効！
友達に自分のことを知ってもらおう！

メニメニフレンズ

ねらい

自分で作った名刺を友達に渡すと共に、自分の好きなものなど
を伝えたり、友達の好きなものを聞いたりすることができる。

あそびかた

いまから自分だけの名刺を友達に配ります（名刺は前時ま
でにほかの時間で作成しておく）。友達に渡すときに、自分
が好きなものや熱中していることなどを話して渡すように
しましょう。友達からもらうときにも、友達が何が好きか
よく聞こうね。友達にもらった名刺は後で台帳に貼ります。

45分間の流れ

意識付け（5分）	前時までに作った自分の名刺を使ってたくさんの友達と交流することができるように意識付けをします。
名刺交換のデモンストレーション（3分）	名刺交換の動きや、その場で友達に伝えること、友達から聞くことなどを実際にやってみせます。
名刺交換の活動（20分）	デモンストレーションと同じように、自分たちでできるだけ多くの友達と名刺交換をします。
名刺の貼り付け（5分）	友達からもらった名刺を確認しながら、台帳に貼っていきます。
振り返り（12分）	交換した名刺を友達と見せ合ったり、誰がどのようなことを好きなのか話したりしながら、話すことや聞くことのよさを実感します。

友達に自分のことを知ってもらおう！
メニメニフレンズ！
友達と会話をしながら名刺を交換しましょう！

 私、〇〇といいます。好きな食べ物は唐揚げです。
よろしくお願いします。

 僕の名前は□□です。最近サッカーを習い始めました。
よろしくお願いします。

［ 交換後 ］

 今日はたくさんの人と名刺を交換することができたな！

 〇〇さんは唐揚げが好きなんだって！　知らなかったよ！

 △△さんも唐揚げが好きって言っていたよ！　名刺交換できたかな？

 これからももっともっと友達のことを知っていけるといいですね。

あそびを成功させるためのポイント

- 「B書くこと」の学習の中で、自分だけの名刺を書くようにします。
- 図画工作科の学習の中で、デザインをいくつか考えておけば、名刺の種類が増えます。
- 子どもが作った名刺をデータ化しておけば、画用紙などに印刷をして、配ることもできます。

話すこと・聞くことを楽しもう！

順序立てて話す力を！
自分に起こったニュースを友達に伝えよう！

ニュースの時間です

ねらい

自分に起こった出来事をニュースの形式で発表することを通して、相手にわかりやすく話したり、友達の出来事に質問したりすることができる。

あそびかた

前回の授業で書いておいた自分に起こった出来事をニュース形式で友達に伝えましょう。そのニュースに対して、友達からいくつか質問を受けて正しく答えていきましょう。他の友達からニュースを聞くときは、そのあと自分も質問できるようにしましょう。

45分間の流れ

意識付け(5分)	前時までに書いた自分に起こったニュースを友達に話したり、友達に質問したりすることができるように意識付けをします。
ニュースと質問のデモンストレーション（3分）	ニュースを読むときの注意や、質問の仕方、答え方などを実際にやってみせます。
ニュースと質問の活動（25分）	デモンストレーションと同じように、自分たちで、ニュースを読んだり質問したりします。
振り返り(12分)	友達が話してくれたニュースについてもう少し掘り下げたり、友達の新たな一面を発見したりすることで、話すことや聞くことのよさを実感します。

あそんでみよう！

自分に起きたことを伝えよう！　ニュースの時間です！
ニュースを読んで友達から質問を受け付けましょう！

こんにちは。〇〇ニュースの時間です。昨日夜7時ごろ、
〇〇さんの家で妹の誕生日パーティーが開かれました。妹
は5歳になったらしく、今後の目標は姉の身長を追い抜く
ことだそうです。

誕生日パーティーではどのようなご飯を食べたのですか。

一番おいしかったのは唐揚げです。にんにくが利いて絶品
でした。

妹さんへの誕生日プレゼントは何でしたか。

家で簡単な料理をするようになったので、エプロンを買っ
てもらっていました。

[活動後]

自分が伝えたニュースからいろいろ
な質問を考えてもらえるのね！

友達の言っていることをしっかり聞いた
のでちゃんと質問することができたよ！

あそびを成功させるためのポイント

● 「B書くこと」の学習の中で、自分に起きたニュースを文章にまとめて
おくとよいです。

書いてあそぶのおもしろい！

語彙を増やせる！
言葉をどんどん集めよう！
集めて！　集めて！

ねらい

指定された文字から始まる言葉を書くことを通して、語彙量の増加を図る。

あそびかた

まず、先生がお題となる１文字を言います。その文字から始まる言葉を思いつくだけ書いてくださいね。見つけた数が多い人が勝ちです。できるだけみんなが思いつかない言葉を見つけましょう。

あそんでみよう！

思いつくだけ書いてみよう！　集めて！　集めて！　いまから先生が黒板に書く文字から始まる言葉を考えてプリントに書きましょう。お題は「さ」です。「さ」から始まる言葉を考えましょう。

「サウナ」があるな。

「さかな」「さかなつり」って言葉をつなげてもできるのね。

「さしみ」。これはだれも思いつかないだろう。

たくさん見つけてもいいですし、みんなが見つけられないような言葉を探してみるのもいいですね。

20

5分 あそび

書いてあそぶのおもしろい！

構文力をつける！
文章をつなげておもしろ作文！
合体センテンス

ねらい

それぞれが考えた文章をつなぎ合わせることを通して、さまざまな表現があることを理解することができる。

あそびかた

班の中で「いつ」「誰が」「何をして」「どうした」の４つの役割を決めます。それぞれが自分の担当したところについて自由に発想して短冊に言葉を書きます。それを組み合わせて、おもしろい作文を作りましょう。

あそんでみよう！

文章をつなげておもしろ作文！　合体センテンス！　自由な発想で言葉を書いて、おもしろい文章を作りましょう。

私の担当は、「いつ」だから、昨日の夜にしようかな。

僕の担当は、「誰が」だから、カラスがにしよう。

僕の担当は、「何をして」だから、風呂に入ってにしようかな。

私の担当は、「どうした」だから、カレーを食べたにしよう。

「昨日の夜」「カラスが」「風呂に入って」「カレーを食べた」になったよ！

書いてあそぶのおもしろい！

間違い探し系あそび！　先生が書いた文章の
中から間違いを見つけよう！

校正チルドレン

ねらい

文中のさまざまな間違いに気づき、正しい言葉に直したり、
言い換えたりすることができる。

あそびかた

（※事前に100字程度の誤字脱字の多い文章を用意してお
きます）先生がこれからお題となる文章を見せます。その
中に、間違いや、入れかえないと正しくならない言葉があ
ります。みんなで校正してくださいね。

あそんでみよう！

いくつ見つけられるかな？　校正チルドレン！　いまから
配る文章から、間違いをたくさん見つけてください。

「みんか」って変だよね。「みかん」じゃないとだめじゃない。

「たべまししした」になってる！　「し」が1個多いよ！

「ひとつ」って漢字で「一つ」だよね？
これ「人つ」になっている！

文章をよく読んで間違いを見つけることができましたね。

5分 あそび

書いてあそぶのおもしろい！

想像力をつける！
物語の続きを書こう！
ドウナルストーリー

ねらい

中途半端で終わった物語の続きを考えて書くことを通して、想像する力をつけることができる。

あそびかた

（※事前に短い物語文を用意しておきます）
これから先生が結末が書いていない物語を配ります。みんなはそれぞれ、その結末を書いてください。そのあと、全員で交流してお友達がどんな結末を書いたかお互いに見てみましょう。

あそんでみよう！

物語の結末はいかに!?　ドウナルストーリー！　いまから配る物語には結末が書いてありません。結末を書いて物語を完成させましょう。

どんな終わりにしようかな。やっぱりハッピーエンドがいいから……。

私は、新たな敵が出てきて、これからも戦いは続く！　みたいな結末にしようかな。

結末の書き方にもいろいろあるのですね。今度は自分たちで物語を書いてみたいですね。

5分
あそび

言葉を意識できる！
どれだけ書き続けられるかな !?
書き書きしりとり

ねらい

お題に合わせて、しりとりを続けることができる。

あそびかた

これから先生がお題を出します。そのお題に合わせて、紙にしりとりを書き続けましょう。

あそんでみよう！

どれだけ書き続けられるかな？　書き書きしりとり！
お題は「学校に関係するもの」です！

さんすう→うんどうじょう……難しいな

つくえ→えのぐ→グラウンド→どそくきんし→しろぐみ
……どんどん出てきておもしろい！

がっこう→うんどうぐつ→つくえ
→えんぴつ……いろいろあるね!!

書いてあそぶのおもしろい！

言葉の関連を見つける！　1つの言葉から
連想する言葉をどんどんつなげよう！
広がれ！　ワードマップ！

ねらい

言葉から連想することができる新たな言葉を線でつなぎながら
増やすことができる。

あそびかた

これから先生が言うある言葉から連想できる言葉を見つけ
てどんどん書いていきましょう。たとえば、「海」からなら、
「青」や「魚」などが連想できますね。

あそんでみよう！

広がれ！　ワードマップ！　お題は「空」です！

空かあ。くも、たいよう、ほし、つき、うちゅう、おお
ぞら！！

わし、たか、すずめ、からす、つばめ…鳥が大好きだから
みんな鳥で書いちゃおう！

あお、しろ、夕日のオレンジいろ、にじ…いろいろな色が
思い浮かぶよ！

みんないろいろな発想で書けましたね！

書いてあそぶのおもしろい！

構文力が身につく！
読みにくい文章に句読点を！

ワードカッター

ねらい 句読点がない文章を読んで、句読点をつけることができる。

あそんでみよう！

 先生が用意した句読点のない文章に句読点をつけましょう。

 「あしたははれる」って「、」があったほうが読みやすいね。

 「にわにはにわにわとりがいる」ってどこに打てばいいかな!?

書いてあそぶのおもしろい！

どちらでも書けるように！
どちらで書く方が多い？

どちらで書くカナ？

ねらい ひらがなとカタカナ両方で書く力をつける。

あそんでみよう！

 先生の言う言葉を、ひらがなとカタカナどちらかで書いてください。

 蟻はどちらで書こうかな？

 ひらがなで「あり」かな。カタカナで「アリ」かな。

27

5分あそび

書いてあそぶのおもしろい！

1つのテーマで書き続けよう！

○○博士

ねらい 自分が好きな物についてたくさんの文章を書くことができる。

あそんでみよう！

これから自分が書きたい話題について1分間できるだけ止まらずにたくさん書いてください。

カマキリについて書くぞ！
カマキリは……

28

5分あそび

書いてあそぶのおもしろい！

話題に合う言葉を選べる！
何か足りない！　付け足して完成させよう！

タリナイ

ねらい 言葉として何かが足りないものに、文字を付け加えて完成させることができる。

あそんでみよう！

先生がこれからお題を出します。その話題にあう言葉を選んで空欄の中に書いてください。
今日の天気は「　　　」です。

それなら、天気を入れたらいいね！　くもり、とか？

晴れとか雨とかのほかに、雪とかもあるね。

書いてあそぶのおもしろい！

想像力を鍛える！
どこかにひらがなを１つ足してみよう！

ひ○がな

ねらい

ひらがなを１文字付け足してできる言葉をつくることを通して、ひらがなの練習に加え、言葉の構成について理解することができる。

あそびかた

 先生がひらがなで１文字足りない言葉をお題として出します。みんなはその言葉に１文字付け加えて、言葉を完成させてください。

あそんでみよう！

 どこかにひらがなを１つ足してみよう！　ひ○がな！　お題のどこかにひらがなを１文字足して、言葉を完成させましょう。お題は「はな」です。

 「おはな」にしたらかわいいね。

 後ろにつけて「はなび」もいいね。

 「はなみ」って言葉もあるよね。

 １文字付け加えるだけで、言葉ってさまざまなものに変身しますね。

書いてあそぶのおもしろい！

想像力を鍛える！
どこかにカタカナを1つ足してみよう！

カ〇カナ

ねらい

カタカナを1文字付け足してできる言葉をつくることを通して、カタカナの練習に加え、言葉の構成について理解することができる。

あそびかた

先生がカタカナで1文字足りない言葉をお題として出します。みんなはその言葉に1文字付け加えて、言葉を完成させてください。

あそんでみよう！

どこかにカタカナを1つ足してみよう！　カ〇カナ！　お題のどこかにカタカナを1文字足して、言葉を完成させましょう。お題は「カナ」です。

「カナダ」って国があったよね。

「タカナ」っておにぎりの具だよね。

間に入れるのもいいかな？
「カタナ」とか！

15分
あそび

想像力を鍛える！
４コマからストーリーを想像しよう！

４コマストーリー

ねらい

絵から言っている言葉を想像することができるようになると共に、会話文の書き方を理解することができる。

あそびかた

これからみんなに台詞が入っていない４コママンガを見せます。その４コママンガに台詞をあててください。あとでみんなで読み合いましょう。

あそんでみよう！

結末は無限大⁉　４コマストーリー！　いまから配る４コママンガに自分たちで台詞を付け加えてください。では始めます。

表情がえがかれていないから、考えるのが難しいな。よし、喜んでいる設定にしよう！

昼休みにどんなあそびをしたいか話し合っているようにしようかな…。

最後のオチは、みんなの会話が「しりとり」になっていたっていうオチにしよう！

同じ４コママンガを見てても、それぞれ設定が違っておもしろいですね。

パズル的にあそべる！
文字を選んで、組み合わせて……

チョイス！ チョイス！

ねらい

教師が提示した文字の羅列から、必要な文字を抜き出して組み合わせ、言葉を作ることができる。

あそびかた

これから先生が黒板にひらがなを書き出していきます。みんなは、そのひらがなの中から文字を抜き出して、並べ替えて言葉を作ってください。黒板にない文字は使えません。たくさん言葉を作った人の勝ちです。

あそんでみよう！

文字を選んで、言葉を作れ！ チョイス！ チョイス！
お題は「おんたらうごだけまえど」です。

どんな言葉ができるのかな。

「ごま」が見えたぞ！

「うどん」！ 3文字ができたぞ！

書いてあそぶのおもしろい！

想像力を鍛えられる！
もしも自分が〇〇だったら……！
ナリキリストーリー

ねらい

「もしも」という仮定の話を考えることを通して、想像力を働かせると共に、文章を書く力をつけることができる。

あそびかた

 いまから、自分がなりたいものを決めてください。決まったら、それになりきってどんなことをしたいか書き出していきます。最後は、全員で交流しましょう（※学級の実態に応じて、班で考えてもOK）。

あそんでみよう！

 もしも自分が〇〇だったら…！　ナリキリストーリー！
自分がなりたいものになって、やってみたいことを書き出しましょう。

 私は「ダンゴムシ」になってみたいなぁ。私、体がかたくてあんなに体を丸めることができないから、どんな気分なのか知りたいな。

 僕は「クジラ」になってみたいな！　クジラってすごく深いところまで潜れるんだよ！　僕たちが見たことのない景色を見ているだろうから、僕も見てみたいな！

書いてあそぶのおもしろい！

相手の考えを予想する力！
友達が考えていることがわかるかな？

ワードペアリング

ねらい

お題に関する代表的な言葉を考えると共に、ペアの考えている
ことを想像しながら考える力をつけることができる。

あそびかた

いまから先生が言うテーマについて考えたことを紙に5つ
書きます。そして、隣の人とそれぞれ書いた言葉を言い合っ
て、同じことを書いていたらポイントが入ります。目指せ
5ポイント！

あそんでみよう！

隣の友達が考えていることがわかるかな？　ワードペアリ
ング！　お題は、「好きな給食」です。5つ書いてください！

ええと、カレー、わかめうどん、麻婆豆腐、冷凍ミカン、
フルーツポンチ。

私は、クレープ、カレー、ポークビーンズ、わかめうどん、
コッペパン！

じゃあ、答え合わせしよう！　まず僕から言うね！　カレー！

私もカレーって書いたよ！　1ポイント。

[　5個目までを言い合う　]

相手の考えていることを想像するって難しいですね。
また、やってみよう！

書いてあそぶのおもしろい！

構文力を鍛える！
絵と文を対応させて書けるかな？

絵本作家になろう

ねらい

自分で考えた物語を絵と文で表わすことで、
自分の思っていることを表現する力がつく。

あそびかた

自分が考えた物語を文と絵で表わします。4コママンガの
ように、大まかに4つの場面に分けて文を考えます。それ
ぞれの場面の文を登場人物や出来事などをつけ加えて表わ
していきます。最後に、つくった物語を台紙に貼ったら完
成です。

45分間の流れ

意識付け（5分）	前時までに作った絵本を見ながら、今日自分が書いていきたい内容を考えたり、友達の作っている絵本を見たりして意識付けをします。
絵本作りのデモンストレーション（3分）	今日45分間で行うことを板書にまとめて、構文や校正について実際にやってみせます。
絵本作りの活動（25分）	デモンストレーションと同じように、自分たちで絵本作りを行います。その際、友達の絵本を見に行ったり、自分の作品について意見をもらったりすることもOKとします。
振り返り（12分）	今日自分ができたことやもう少しがんばりたいことを振り返ることで、次時の自分のめあてを立てることができるようにします。

あそんでみよう！

 絵と文を対応させて書けるかな？　絵本作家になろう！
今日も、自分が描いた絵に一番合う文を考えて、絵本を作っていきましょう！

 うさぎさんがにんじんをたくさんもっている絵なんだけれど、「たくさん」と「いっぱい」ってどちらの言葉がいいかな。

 僕は「いっぱい」の方がいいと思うな。何だかそっちの言葉の方が、読んでいて心地よいもの。

 じゃあ、「いっぱい」と書こうかな。ありがとう。

 今日は結構進んだな。次の場面はうさぎさんがおなかいっぱいで動けない場面だから、もっと文章を工夫したいな。

 理想の絵本を目指して、文章の工夫をしていきたいですね。

あそびを成功させるためのポイント

● 絵に関しては図画工作科の学習の中で、描いておくようにします。
● できあがった絵本は、授業参観で掲示したり、図書室に置かせてもらったりしましょう。

文章の表現力を高める！
お題に対して紹介しまくろう！
私は紹介者

ねらい

紹介したいものを決めて、それについて文章を書くことを通して、物事を多面的に捉えたり、文章表現の力を高めたりすることができる。

あそびかた

（※事前に子どもたちに自分が紹介したいものを家から持ってきてもらう）
みなさん、自分が紹介したいものを家から持ってきましたね。それについて、いつ、どこで、誰がなどの文章構成の要素を使って紹介する文を書いていきましょう。書き上がったら友達に紹介してもらいます。友達から紹介してもらったものには質問をしてもらいましょう。

45分間の流れ

意識付け（5分）	自分が紹介したいものについて、その紹介文を書くことを意識付けます。担任が紹介したいものを持ってくるとよりよいです。
文の作り方と紹介のデモンストレーション（3分）	文を作るときの注意や、紹介の仕方、質問の仕方などを実際にやってみせます。
文をつくる活動（15分）	できあがった紹介文を友達に紹介します。そのときに、実際に紹介するものが手元にあるとよりよいです。
友達に紹介する活動（15分）	できあがった紹介文を友達に紹介します。そのときに、実際に紹介するものが手元にあるとよりよいです。
振り返り（7分）	友達が話してくれたものについてもう少し掘り下げたり、自分が書いた紹介文を書き直したりすることで、紹介文を書くことのよさを実感します。

あそんでみよう！

 お題に対して紹介しまくろう！　私は紹介者！　自分が紹介したいものについて文を書いて友達に伝えてみよう！

 私は「誕生日に買ってもらったぬいぐるみ」にしようかな。

 （作文）これはくまのぬいぐるみです。今年の誕生日におばあちゃんから買ってもらいました……これで完成だな。

 （紹介）これはくまのぬいぐるみです。今年の誕生日におばあちゃんから買ってもらいました……。

 どうしてそのぬいぐるみがよかったのですか？

 前からほしくて、
ずっとおばあちゃんにお願いしていたからです。

［ 振り返り ］

 友達から質問されたことは、紹介の中に入っていなかったから、紹介文に入れておこう。

あそびを成功させるためのポイント

● 「A話すこと・聞くこと」の学習で、話し方や質問の仕方などを練習しておくとよいでしょう。
● 実際に紹介するものが手元にあると紹介しやすくなります。

5分 あそび

読んであそぼう！

目と口で読む！
どれだけ速く読めるかな？
音読タイムトライアル

ねらい

口をしっかり動かして音読をすることを通して、はっきりとした発音を身につける。

あそびかた

（※お題となる短い読み物を設定します。教師が早口で読んで30秒くらいになるものが望ましいです）
2人組になってください。いまから渡す文章を、1人が音読して、しかもできるだけ速くしていきます。もう1人はしっかり聞いて、内容が聞き取れるか判断してあげましょう。

あそんでみよう！

どれだけ速く読めるかな？　音読タイムトライアル！　噛んだらそこから言い直してね。

昔々あるところに、おじいさんとおばあさんがいました。おばあさんは……

そこ、おばあさんじゃなくておじいさんだよ！

あ、本当だ！　おじいさんは山へ……

結果は45秒でした！　次、私の番ね！

間違えないように読むためには、1つ1つ見落とさないように読みましょうね。

38

5分 あそび

読んであそぼう！

協力する力を育てる！
グループでチャレンジ！
読み音読トライアル

ねらい

音読をグループでチャレンジし、句点で交代しながら読むことで、しっかり目で追いながら読む力を育てることができる。

あそびかた

（※お題となる短い読み物を設定します。教師が早口で読んで2分くらいになるものが望ましいです）
いまから渡す文章をできるだけ速く班で読みましょう。班の各メンバーで句点ごとに交代しながら読んで、かかった時間が短い班が勝ちです！

あそんでみよう！

グループでチャレンジ！　読み音読トライアル！　噛んだらそこから言い直してください。では始めます。

その日はとても暑い日でした。

太郎はどうしても眠れずに、布団の上でごろごろしているうちに、だんだんと夜に…あ、違った！　だんだんと朝に……

結果は2分20秒でした！　前よりも速くなったね！

次は、スタートの人を変えてやってみてもおもしろいですね。

39

5分 あそび

じっくり読む力を！
文章の中に隠れた「言葉」を探せ！
言葉かくれんぼ

ねらい

渡された文章の中から、お題となる言葉を見つけることを通して、文章を細かく読む力をつける。

あそびかた

教科書の○○ページを見て、いまから先生が言う言葉を文章の中から見つけてください。一番最初に見つけた人は、次の出題者になれます。

あそんでみよう！

文章の中に隠れた「言葉」を探せ！　言葉かくれんぼ！
見つけてほしい言葉は「なみだ」です。

「なみだ」か……。どこにあるのかな？

確か、途中に主人公が泣く
場面があったような……

見つけたぞ！　ここか！

場面を想像して探すと見つけやすいですね。

読んであそぼう！

違和感に気づく力を！　文章が何だか変！
正しく並べ替えて読もう！
そーとそーと

ねらい

ばらばらになった文章カードを並べ替えることを通して、文章の構成に目を向ける力をつける。

あそびかた

（※事前にお題となるカードを先生が作っておきます。タブレット端末で作成し配付すると簡単にできます）
いまからみんなにタブレットにカードを並べたものを送ります。みんなはそのカードを意味が通るように並べ替えてください。全て並べ替えたら終わりです。

あそんでみよう！

正しく並べ替えて読んでみよう！　そーとそーと！　意味が通る文章にしてください。では始めます。

どんな文章が出てくるかな？

並べ替えたけれど、これで合っているのかな。あれ？　何か違うな。

正解は、これです。

あー！　違った！　確かに、ここを入れ替えないと、意味がわからないよな。次、がんばろう。

読んであそぼう！

5分
あそび

情報処理能力を高める！
班で回して一気読み！

速読絵本ルーレット

ねらい

時間内に、できるだけ多くの絵本を読むことを通して、内容を
素早く理解したり、多くの活字に触れたりすることができる。

あそびかた

（※事前に1人1冊絵本を選んでおく）
いまから先生の合図で絵本を読んで、読み終わったら班の
他の人と本を交換して読みます。合図があったら終わりで
す。その後、どれがおもしろかったか話し合います。

あそんでみよう！

班で回して一気読み！　速読絵本ルーレット！　あとで感
想を伝え合ってもらうから速く読むけれど、しっかり内容
は覚えていてくださいね。では始めてください。

[　みんなが読む　]

そこまで！　ではどれがおもしろかったか話し合ってください。

私は、この物語がおもしろかったな。

たしかに！　最後、感動のシーンがあるもんね。

ぜひ、今度はゆっくり読んで味わってみてくださいね。

読んであそぼう！

意味が通らない言葉を読む難しさを！
いつも読んでいる文章を逆から読んでみよう！

さかだち音読

ねらい

文章を逆から読むことを通して、口の動きの運動をしたり、
意味が通る言葉を発見したりすることができる。

あそびかた

いまから教科書の○○ページの最初の３行分を、一番後ろ
の文字から逆に読んでいきます。引っかかったらその部分
から言い直しをします。最後まで言い終わったら座ります。

あそんでみよう！

いつも通りじゃない？　さかだち音読！　いつも読んでい
る物語を逆から読んでみよう。

「すでうほよのめあはたしあ」。わぁ、とても読みにくい。

口をしっかり動かさないといけないね。

意味がわからない言葉を口に出すって難しいね。

日頃の音読も、口を動かして、意味をしっかり理解しなが
ら読みたいですね。

43

5分あそび

 読んであそぼう！

滑舌を意識できる！
ニュース原稿を読み上げよう！

カミカミセンテンス

ねらい ニュース原稿を読むことを通して、口をしっかり動かして読む力をつけることができる。

あそんでみよう！

 いまから配るニュースの原稿を読んで、噛まずに言えたら座りましょう。

 「今日午前8時頃、わたなべさんのとなりの客がよく柿くう客で……」。あ、噛んだからやり直しだ！

 難しいね！　アナウンサーってすごいんだね！

44

5分あそび

読んであそぼう！

思い出す力を育てる！
説明文の内容を思いだそう！

説明文DEクイズ

ねらい 学習した説明文の中から問題を出すことで、文章の隅々まで読む力をつけることができる。

あそんでみよう！

 いまから、この説明文の問題を出すので、わかる人が答えてくださいね。
カエルの手の先が丸いのはなぜでしょう？

 はい！　かべなどにくっつくためです！

 正解です！

45
5分 あそび

読んであそぼう！

思い出す力を育てる！
物語の内容を思い出そう！

物語DEクイズ

ねらい 学習した物語文の中から問題を出すことで、文章の隅々まで読む力を付けることができる。

あそんでみよう！

 いまから、この物語文の問題を出すので、わかる人が答えてくださいね。
太郎のそでをひっぱったのは誰だったでしょう？

 はい！　次郎が引っ張りました。

 正解です！

46
5分 あそび

読んであそぼう！

視覚情報を言葉に！
目の前に出てくる言葉を瞬時にアウトプット！

フラッシュセンテンス

ねらい 画面に映し出される言葉を瞬時にアウトプットすることを通して、目に入った情報を音声言語として表出する力をつけることができる。

あそんでみよう！

 いまから画面に映す言葉を見て、すぐ声に出して読んでね。

 「あたま」「りんご」「ライオン」「ステーキ」「ひざ」……。

 見て、すぐに話すってとても難しいね！

47

15分 あそび

読んであそぼう！

音声言語の表現力を高める！
気持ちを込めて吹き込もう

録音読

ねらい

タブレット端末に音読を吹き込む活動を通して、気持ちを込め
て読んだり、丁寧に読んだりする力をつけることができる。

あそびかた

 いまから、この文章の中の自分が吹き込みたい段落を読ん
で、タブレットに録音しましょう。自分で聞いてみて、納
得がいくまで録音してください。

あそんでみよう！

 気持ちを込めて吹き込もう！ 録音読！ では読んでください。

 私はこの物語が好きだから録音してみよう。

 僕はこの説明文を声に出してみたいな。

 [やってみて]

 もうちょっと悲しい部分を悲しそうに読みたいな。

 この言葉は噛みそうになるから、もう少し練習しよう！

 自分の声を聞いてみると新たな発見がありますね。

48

15分
あそび

読んであそぼう！

記憶力を高める！
どこまで覚えられるかな？
暗唱道場

ねらい

物語などを、短時間で覚えてアウトプットすることを通して、順番を捉えて読んだり、中心となる部分に気をつけて読んだりする力がつく。

あそびかた

いまから、先生が指定した物語文を、10分間でできるだけ多く覚えましょう。10分経ったら、1文ずつ言ってもらいます。どこまで言えるかな？

あそんでみよう！

昔々あるところに、おじいさんとおばあさんが住んでいました……。

おじいさんは山へ芝刈りに、おばあさんは川へ……。

あれ？　次なんだっけ？

文章を丸々覚えるって難しいんだね！

49

15分
あそび

違和感に気づく力を！　何か違う！
間違いを見つけよう！
読んダウト

ねらい

お題となる文章を読み、お話の中に出てくる違和感に気づき、
正しく修正することができる。

あそびかた

（※事前にお題となる文章を用意しておきます）
いまから配る文章で、間違っているところを探してください。みんなの力で正しい文章にしましょう！

あそんでみよう！

何か違う！　間違いを見つけよう！　読んダウト！　みんなで直そう！

あ、ここはネコじゃなくて、イヌが出ていたはずなのに、ネコになっている！

本当だ！　よく読まないと読み落としそうだね！

あ、「たんす」が「たすん」になっている！　これじゃあ意味がわからないよ！　間違いだね！

文を細かく見る力がついていますね！

50

15分 あそび

読んであそぼう！

次の一手を考える！
言葉を作って相手の陣地を奪い取れ！

ワード陣取り

ねらい

マスの中に書かれたひらがなを使って言葉を作ることを通して、組み合わせによって言葉が変わることやしっかり盤面を読むことができる。

あそびかた

いまから、5×5のマスの中に、ひらがなを入れた紙を2人1組に配ります。交代でその中からひらがなを組み合わせて言葉ができるものを探しましょう。言葉ができたら赤か青の鉛筆で色を塗ります。最終的に多くマスを取った方の勝ちです！

あそんでみよう！

言葉を作って相手の陣地を奪い取れ！　ワード陣取り！
25文字のひらがなから、言葉を作って色を塗りましょう。

「かに」を見つけたぞ！　色を塗ろう！

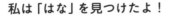

私は「はな」を見つけたよ！

む	ん	た	あ	つ
め	か	り	な	え
ち	い	ね	け	し
み	や	は	に	う
す	ま	く	こ	き

お！　「すいか」が作れそうだな。いや、自分で「か」を使ってた……。

どれをどのように組み合わせるのかって大切ですね。

PART 1 文字や言葉っておもしろい！　国語あそびであそぼう！　　059

読んであそぼう！

もしもの力をつけられる！
物語に題名をつけよう！
題名人

ねらい

教師の読み聞かせを聞くことを通して、
話の内容から題名を予想することができる。

あそびかた

いまから先生が本の読み聞かせをします。そのあと、この本の題名をみんなで予想しましょう。最後に答え合わせをします！

あそんでみよう！

物語に題名をつけよう！　題名人！　どんな題名の本かな？

[読み聞かせ後]

何がいいかな。2人の星の旅人の話だったよね。

そのまま「星の旅人」というのはどう？

おしゃれでいいね！　私は涙から星が生まれたから「涙から生まれた星」がいいな。

ちゃんと物語の内容から考えて
題名をつけようとしていますね。

52

15分
あそび

口の動きを意識できる！
ゆっくり読んだり、速く読んだり！
読みたいむ

ねらい

教師が読むスピードに合わせて読むことを通して、
口をしっかり動かして読むことができるようになる。

あそびかた

これから配る文章（教科書でもよい）を先生がまず読みます。速く読んだりゆっくり読んだりするので、みんなは、そのあとに続いて同じように読んでくださいね。

あそんでみよう！

ゆっくり読んだり、速く読んだり！　読みたいむ！　先生と同じように読んでね！
むか～しむかし、あるところに……おじいさんとおばあさんが……

むか～しむかし、あるところに……おじいさんとおばあさんが……

音読をするときには、このように緩急をつけて読むとよいですね。

53

45分
あそび

読んであそぼう！

本に触れる機会を！
自分のおすすめを友達に読んであげよう
読み聞かせをしよう

ねらい

自分のおすすめの絵本を選んで読み聞かせをすることを通して、相手に伝わるように読んだり、読み方を工夫したりすることができるようになる。

あそびかた

（※事前に子どもそれぞれがおすすめの絵本を選んで、借りておきます）机を班の形にしてください。自分のおすすめの絵本を班の友達に読んであげましょう。班全員が終わったら、感想を伝え合って、4人のうち2人が隣の班に移動して、新しい4人で同じ活動をしましょう。

45分間の流れ

意識付け(5分)	自分のおすすめの絵本を読み聞かせすることができるように、読み方のポイントや聴き方のポイントについて意識付けをします。
読み聞かせのデモンストレーション(3分)	読み聞かせの仕方や聞くときのポイントなどを実際にやってみせます。
読み聞かせの活動(25分)	デモンストレーションと同じように、読み聞かせをします。最初は班で行いますが、そのあとどの班に移動したらよいかを指示しておくと、2周目の読み聞かせをすることができます。
振り返り(12分)	読み聞かせを終えて、自分の読み聞かせの評価を自己評価したり、友達に読み聞かせてもらった絵本の中で心に残ったものを書き出したりすることを通して、活動の振り返りを行います。

あそんでみよう！

 自分のおすすめを友達に読んであげよう！　選んだ絵本を班で読み聞かせします！　終わったら4人のうち2人は次の班に行こうね！

 私は「花屋の花子」という絵本を読み聞かせします。とある村の山のおくのさらにおくに、小さな小さな花屋がぽつんと建っていました……。

 僕は「堂々堂」という絵本を読み聞かせします。堂々堂には、いつも堂々とした堂本堂太が住んでいます。ある日…。

[振り返り]

 今日はたくさんの人に読み聞かせをすることができたわ！

 友達におもしろい絵本を紹介してもらったから、次は図書室で借りよう！

 今日気になった本は図書室で借りるといいですね。

あそびを成功させるためのポイント

- 図書の時間に、自分のおすすめの絵本を借りておくようにします。
- 音読の宿題などで、読み聞かせの練習をしてくるように伝えます。
- 15分あそびの「録音読」で吹き込んでおけば、練習になります。

54

45分 あそび

読んであそぼう！

本に親しむ機会を！ 指定された本を読んで
図書室マスターの称号を手に入れよう！

図書室ビンゴ

ねらい

決まった種類の本ではなく、さまざまな種類の本を読むことを
通して、知識や興味の幅を広げることができるようにする。

あそびかた

（※図書室で行います。あらかじめ、教師が本に関するビンゴマスを準備しておきます）
いまから配るビンゴ用紙に合うように、本を選んで、ビンゴを目指しましょう！ 最後にビンゴマスに本の感想を書いて先生のところに持ってきてくださいね。

45分間の流れ

意識付け（5分）	本にはいろいろな種類があり、それぞれに役割や読み方があることを教え、読み方の意識付けをします。
本の選び方とビンゴのデモンストレーション（3分）	本の選び方とマスをチェックできる方法についてデモンストレーションを行います。
本を読んでビンゴを達成する活動（25分）	デモンストレーションと同じように、自分で本を読んで、ビンゴを達成できるようにします。
振り返り（12分）	今日読んでおもしろかった本の感想を詳しく書いたり、達成できなかったマスの本を借りたりします。

あそんでみよう！

目指せオールビンゴ！　図書室ビンゴ！　いまから配るビンゴ用紙に合うように、本を選んで、ビンゴを目指しましょう！クリアできたマスにはチェックをつけて、チェックできたマスが縦横斜めのどれかでそろったらビンゴです。

私は、「怖い絵本」のテーマから行こうかな。絵本のコーナーはどこにあるかな……。

僕は、「図鑑」のテーマから行こうかな。いつも虫の図鑑ばかり見ているから、今日は魚の図鑑を選んでみようかな。

先生、読んできました！　魚にもいろいろいて、エイとかサメも魚の仲間なんだということを知りました！

新たな発見をしたんですね！　スタンプをあげましょう！

［ 活動後 ］

あの本、もう少しちゃんと読みたいから今度借りよう！

「科学絵本」のところが読めなかったから、いまから借りておこう！

あそびを成功させるためのポイント

● 学習後も、ビンゴを継続することで、読書を日常化させることができます。

国語・算数あそびがもたらすもの

　日本には古来から伝わる言葉を使ったあそびがたくさん残っています。昔の人々は、短歌や俳句では同音異義語を「掛詞」として楽しみ、さらにそれらの歌を集めて「百人一首」を作ってあそんでいました。

　国語あそびに入っているものの中には、そういった古来から伝わる言葉あそびをアレンジしたものもたくさんあります。

　言葉は私たちの生活の常に真ん中にあるものです。それを、あそびを使うことによって「楽しみながら学べる」ということは、1年生の子どもたちにとってとても重要なことだと思います。

　授業中楽しくなさそうな顔で座っている子がいた自分の苦い経験から考え始めた領域ごとの「国語あそび」。この国語あそびが日本全国の一年生を国語好きにしてくれると思っています。

　また、算数科は4つの領域に分かれています。その一つひとつが、入学時までに自然に身につけてきた感覚的なことを「学問」として体系化する一歩となります。その一方で、幼児期の学びの質や学びの種類が異なることによって差が出やすいのも事実です。

　そこは、手厚くプリントで補習したり、取り出し学習をしたりというよりも、「日々の学習」に直結していくあそびを使うほうが、「物事を算数の目で見る」というプロセスを通して、日常を数学化していくという営みができるようになっていくように思います。

　自分の実感として、算数あそびのおかげで算数好きの子が育ち、これに救われる子どもも多いと感じています。算数嫌いは1年生から生まれてきます。「算数あそび」は算数好きを育てる強力なツールなのです。

\ PART /

2

\ 数や図形が楽しくわかる！ /

算数あそび であそぼう！

算数の各領域の
あそびのつかいかた！

算数の時間、子どもたちが問題と向き合い、「こうしたらどうだろう」「これでもできないかな」と論理的に思考をしていく姿。これはどの先生も願っていることだと思います。

本章では、算数の各領域のテーマに合わせたあそびをたくさん紹介しています。それぞれの領域について、どんな力をつけるために、どうあそびを活用していただくとよいかを、この見開きにまとめました。

● 学習指導要領が目指そうとしていること

学習指導要領解説算数科編で注目していることは、「見方・考え方」です。説明の中で、見方・考え方は「事象を数量や図形及びそれらの関係などに着目して捉え、論理的、統合的・発展的に考えること」と示されています。しかし、「これが図形の見方ですよ」、「統合的な考え方が働いているね」なんて声かけすることはありません。子どもたちが、数学的な思考を働かせる中で「自分自身」で手に入れていく必要があります。意識的に見方・考え方を学習の中に取り入れていかないと、自然に見方・考え方を働かすことができるなんてかなり夢物語のように思えます。

さらに算数科の領域編成は「A 数と計算」「B 図形」「C 測定（1〜3年）」「C 変化と関係（4〜6年）」「D データの活用」となっています。各領域固有の見方がある中で、共通の考え方を働かせていくという大きなフレームも存在します。

●「見方・考え方ボキャブラリー」

　算数や数学が好きな人たちから聞こえる「算数・数学のおもしろさ」の1つに、「カチッとハマった時の爽快感」が挙げられます。問題をロジカルに考えていきつつ、たまに大胆な方法で解いていくことも算数や数学の醍醐味の1つといえます。ただ、1年生はその問題をロジカルに解いたり、大胆な方法を取り入れたりする前提の「見方・考え方のボキャブラリー」が多くありません。たとえば、私たちは、教室を見渡して、「机がいくつくらい並べられるか」という概算をすることができます。これは、教室や机を「長方形」という形で見て、自分の教室と比較して考えたり、図に描いて考えたりします。しかし、1年生はこうはいきません。もちろん未習であるということもありますが、こういった日常の事象であっても算数のフィルターを通して見ないと、数学化することはできないのです。私は、「算数あそび」の中で、こういった「見方・考え方ボキャブラリー」を増やしていきたいと考えています。

● 汎用的な考え方をあそびの中で

　算数科はかなり系統性の強い教科であることは、知られているとおりです。学問としては「広げる」より「深める」のが似合う教科だと思っています。だから、学年を跨ぐと新たな内容が存在し、子どもたちは資質・能力の柱の1つである「知識及び技能」としてそれを獲得していきます。しかし、「思考力、判断力、表現力」においては、いままでの学年の考え方を使いながら思考をしていくことが大切です。つまり、1年生の頃から積み上げているものが高学年でも効果的に働くということです。たとえば、繰り下がりのある引き算で、10と端数に分けて計算する考え方は、桁が増えた時や乗法、除法になった時にも使えるはずです。「これってもしかしてアレが使える？」と考えることができるような経験は、通常の学習だけでは十分にさせてあげられません。だからこそ「算数あそび」の中で、そういった経験を増やしていきたいと考えています。

55

5分 あそび

相手の考えを予想して！
言われた数字を2人で作れ！

あわせてPON!

ねらい

2人一組で52までの数を指で出すことで、数の合成の仕組み
を理解することができる。

あそびかた

隣の人と2人一組になってください。これから先生が5〜
10までの数字を言います。先生が合図をしたら、2人で
打ち合わせなしに同時に指を出して、指の数が足して「指
定された数」になれば成功です！

あそんでみよう！

2人でそろえよう！　あわせてPON！　いまから2人で
6を作ってください！　では始めます。

心の声（2人で6を作るってことは……とりあえず1を出
そうかな）

心の声（できるだけ大きい数を出し
たら簡単かな？　5を出そう！）

せ〜の！　ポン！

やった！　ちょうどになったぞ！

相手が何の数を出してくるのか考え
ながら自分も出すと楽しいですね！

やった!!
合わせて6だ！

数と計算がおもしろくなる！

数の合成・分解を意識できる！
すばやく！ 焦らず！
計算じゃんけん

ねらい

２人一組で５までの数を指で出すことで、数の構成を理解すると共に、計算の技能が身につく。

あそびかた

２人一組で行います。みんなは０～５の数を指で同時に示します。それぞれの指の本数の合計を先に言った方が勝ちです。

あそんでみよう！

素早く！ 焦らず！ 計算じゃんけん！ いまから２人で同時に、０～５の数を指で出してもらいます。それを合わせた数を先に言った方が勝ちです。では始めます。

心の声（できるだけ計算しやすくしたいな……１を出そうかな）

心の声（計算には自信があるから、３くらいを出しておこうかな）

せ～の！ ポン！ ４

あぁ！ 負けた！ わかっていたのに！

5分
あそび

次の一手を予想する！
グー、チョキ、パー、どれを出すかも大事!?
ブロックじゃんけん

ねらい

ブロックを裏返しにしていくことを通して、10を構成するために必要な数を選択する力がつく。

あそびかた

隣の人と2人一組になってください。ブロックをそれぞれ10個準備して全て同じ向きで並べて置きます。じゃんけんをしてグーで勝てば1個、チョキで勝てば2個、パーで勝てば3個のブロックを裏返しにします。全て裏返しになった方が勝ちです！

あそんでみよう！

全て裏返せ！　ブロックじゃんけん！　ブロックを10個裏返せたら勝ちです。じゃんけんをしてグーで勝てば1個、チョキで勝てば2個、パーで勝てば3個のブロックを裏返しにできます。どの手を出すかも考えてじゃんけんしましょう！

じゃんけんぽん！　やった！　パーで勝ったぞ！　3つ裏返そう！

むむむ。じゃんけんぽん！　よし！　チョキで勝ったから2つ裏返そう！

しまった！　パーが3つだからパーばっかり出すとチョキにねらわれてしまうぞ！

58

5分 あそび

数の大小や順序を意識！
みんなで協力して並べよう！

RANDOM NUMBER SORT

ねらい

ランダムに配られた数のカードを小さい順に並べることを通して、数の大小や順序を理解することができる。

あそびかた

（※事前に数のカードを準備します。トランプやウノでも代用可能です）　いまから先生がカードを10枚、班に配ります。先生の合図と同時に班で協力して順番に並べてください。一番早く並べた班の勝ちです！　同じ数字があった場合は重ねて置きましょう！

あそんでみよう！

みんなで協力して並べよう！　RANDOM　NUMBER SORT！　班で協力して、順番に並べましょう！

え〜っと、5はここかな。

そこ、6と7の場所が逆だよ！

本当だ！　9が2枚あるよ！　重ねて置くね！　並べ終わった！

早かったですね！
今度は20までの数で挑戦してみましょう。

5分 あそび

数と計算がおもしろくなる！

日常を数学化！
教室には数字がたくさん！

かくれんぼなんばー

ねらい 教室の中にある数を見つけて記録することを通して、身の回りには数字であふれていることに気づくことができる。

あそんでみよう！

教室内を歩き回って、数字を探します。ノートに数字があった場所と数字を書いてもよいですし、タブレット端末で写真を撮ってもよいです。

学級通信にはたくさん数字が載っているよ。

黒板に日付が書いてあるからこれも発見だね！

意外といろいろなところに数字が隠れているのですね！

60

5分 あそび

数と計算がおもしろくなる！

体を動かしながら算数！
手だけで「10」まで作れるかな？

カラダDEナンバー

ねらい 体を使って数字を表わすことを通して、数字の形がもつ特徴を捉えることができる。

あそんでみよう！

先生からこっそり出される数字を体で表現しましょう。あてられた人にポイントです。

（んっ！）←体で表現中

はい！　7だと思います！

61

5分あそび

数と計算がおもしろくなる！

インプットとアウトプットの連続！
出てくる数字をすばやく読もう！

フラッシュナンバー

ねらい パネルや画面に出てくる数字を素早く読むことを通して、数の形と音声言語を紐付けて理解することができる。

あそんでみよう！

 数字を次々に示すので、みんなで次々に読み上げてくださいね。5、2、6、3、10、7、9、15！

 5、2、6、3、10、7、9、15！

 しっかり見て素早く見ないと追いつけないですね！
スピードを上げますよ！

62

5分あそび

数と計算がおもしろくなる！

数学的表現を鍛える！
式を聞いて図にかこう！

とりあえ図

ねらい 式を聞いて図を描くことを通して、式という抽象化されたものを図という具体的なものに変換する力をつけることができる。

あそんでみよう！

 先生が示す式を、○を使ってノートやプリントに書いてください。
2+4を図に表しましょう！

 ○○←○○○○かな？

数と計算がおもしろくなる！

数の大小を意識できる！
カードの大小を比べよう！
せーのでDON!

ねらい

２人でカードの大小を比べることを通して、自分が持っている
カードと相手が持っているカードの残りを考えながら出すこと
ができる。

あそびかた

（※事前に１〜５のカードを人数分用意して、配っておく）
隣の人と２人組になってください。それぞれ１〜５のカー
ドから、合図と同時にカードを１枚選び、机の上に出しま
す。２人のカードの大小を比べて、大きい方の勝ちです。
これを５回繰り返して、勝った数の多い方が勝ちです。

あそんでみよう！

カードの大きさを比べよう！　せーのでDON！　手札か
ら自分が選んだカードを合図と同時に出しましょう。どっ
ちの人が数が大きいかな？

せ〜のでDON！　僕は３！

私は４！　私の勝ちだね！

せ〜のでDON！　僕は２！

心の声（僕はあと、１と４と５があるな。どれから出そう
かな……。

64

15分
あそび

数と計算がおもしろくなる！

数の特徴に気づく！
同じ数をそろえよう！
JUST NUMBER

ねらい

カードをつかった数合わせゲームを通して、数字のもつ特徴を
捉えたり、カードの位置を覚えたりすることができる。

あそびかた

（※事前に1〜10の数字の書かれたカードを班×2倍用意
して配る。トランプでOK）班で行います。1〜10の数字
が書かれたカードを先生が各班に2枚ずつ配ります。順番
に1人2枚ずつカードをめくって、同じ数字のカードが出
たら取りましょう。一番多く取れた人の勝ちです。

あそんでみよう！

同じ数をそろえよう！　JUST NUMBER！　カードをめ
くって同じ数字なら取りましょう！

めくるね！　3か……。ここかな？　違った4だ！

ここをめくろうかな。あ！　4が出た！　さっき4が出て
いたよな・・・。どこだったかな……。

そろえるだけではなくて、場所を覚えるのも勉強になりま
すね！

15分 あそび

数の合成・分解を意識！
ぴったり10にできるかな？

TURN OVER 10

ねらい

カードをつかった数合わせゲームを通して、10の合成・分解を理解したり、カードの位置を覚えたりすることができる。

あそびかた

（※事前に1～9の数字が書かれたカードを各班2枚ずつ用意。トランプでOK）いまから各班に1～9の数字のカードを2枚ずつ配ります。班で順番に、1人2枚ずつカードをめくり、合わせて10になるカードが出たら取りましょう。たくさんカードを取った人が勝ちです！

あそんでみよう！

ぴったり10にできるかな？　TURN OVER 10！
誰が一番たくさん取れるかな？

めくるね！　3か……。ここかな？　違った5だ！

ここをめくろうかな。あ！　5が出た！　10にするにはあと5があればいいな。さっき5が出ていたよな……。どこだったかな……。

15分 あそび

数の合成・分解を意識！
カードを交換して……

MAKE JUST IT

ねらい

カードをつかった数合わせゲームを通して、数の合成・分解を
理解することができる。

あそびかた

いまからクラス全員に0〜9までのカードをランダムに2
枚ずつ配ります。2枚の手札を持って教室を歩き回ります。
友達と隠したまま1枚交換して、教師から指定された数に
なれば成功です。成功したカードを教師に持ってきて、新
たに2枚のカードをもらいましょう。

あそんでみよう！

カードを交換して数を作れ！　MAKE JUST IT！　カードを
1枚ずつ交換して、先生が言った数になったら持ってきま
しょう！

6を作るのか。私は2と8だから、8がいらないな。

僕は、1と4か。2か5がくるといいな。

やった！　4がとれたから6になった！

67

数と計算がおもしろくなる！

次の一手を予想する！
交互に数を言って……
Don't say 21

ねらい

3つまでの数を交互に言い合うことを通して、数の順序に気づいたり、規則性に気づいたりすることができる。

あそびかた

ペアになってください。3つの数を交互に言っていき、21を言った方の負けです。ルールとして、必ず1つは言うこと、数を飛ばして言わないこと。
（最後に、数を黒板に書き出して、勝つコツを共有して終わります）

45分間の流れ

意識付け（5分）	教師と子どものペアで一度やってみせ、教師が勝つことで、教師に勝ちたいという思いを意識付けます。
あそびのデモンストレーション（3分）	あそびの始め方やルールの確認などを実際にやってみせます。
実際の活動（15分）	デモンストレーションと同じようにあそびます。最初は隣同士で行いますが、そのあと自由に動き回ってあそんでいいことを伝えることで、活動を保証することができます。
全体解決（17分）	教師に挑戦する子どもたちの相手をします。その前に、黒板などに、1～21までの数を書いておきます。子どもたちは、その数字を見ながら教師と子どものやりとりを見ていきます。もし、気づいていく子どもがいたら発言させて、解説を入れていきましょう。
振り返り（5分）	今日の振り返りをしつつ、実際に勝てるのかどうか、きまりに従ってあそびをして終わります。

あそんでみよう！

 1つ〜3つの数を交互に言って21を言った方が負けです。最初は隣同士ですが、終わったら別の人たちとやってもOKです！　Don't say 21!

 21を言わなければいいんだな。よし。1、2、3！

 4、5！

 ……

 15、16、17！

 18、19、20！

 あっ！　21……。負けた！　勝つには何か秘密があるのかな？

 先生は16で止めて、その前は12で止めて、その前は8、4！4にするにはどうしたらいいのかな……

 すばらしいところに気づきましたね。

あそびを成功させるためのポイント

- できるだけたくさんの人たちとゲームができるようにします。
- 黒板に1〜21の数を書いておくと子どもが意識して見るようになります。

68

45分
あそび

数と計算がおもしろくなる！

計算力とパズルの要素！
運も実力のうち？
計算ビンゴ大会

ねらい

自分で考えた計算式でビンゴ大会をすることを通して、自分の立てた式の正しさを確認したり、正しく計算したりする力をつける。

あそびかた

ノートに３×３のマスを書いてください。そこに足し算や引き算の式を書いていきます。そのとき、答えがかぶらないように書くことと、式だけで答えをかかないこと。先生がランダムに数を言うので、その答えになる式が自分のビンゴマスに入っていれば○を付けます。縦横斜めのどれかでそろったらビンゴです！

４５分間の流れ

意識付け（5分）	さまざまな式を提示して、子どもたちに答えを言ってもらうミニゲームを位置付け、簡単な式で答えを出せるウォーミングアップをします。
計算ビンゴ作成のデモンストレーション（10分）	ビンゴの作成の仕方や自分の式から答えを探すポイントなどを実際にやってみせます。
計算ビンゴの活動（25分）	デモンストレーションと同じように、教師がランダムに数字を読み上げます。アプリやくじなどを使って数字のかぶりがないようにすることが望ましいです。1つ1つ言った答えを黒板に書いていくことで、子どもがその答えになる式がないか探します。ビンゴになった人はどんどん続けていきます。
振り返り（5分）	やってみておもしろかったことや、式の工夫などを全体で確認しましょう。

9つのマスの中に、答えがかぶらないように式を書き込みましょう。式だけ書いて答えは書かないようにしようね。では読み上げます。最初の答えは「3」です！

 え〜っと、3になる式は……。ないな……。

 3、3、3……。4－1＝3だ！　あったよ！

どんどん続けますね。

あそびを成功させるためのポイント

● 繰り上がりや繰り下がりができるようになると数が増やせるので難しくできます。

● もしできる子がいれば、かけ算の式も認めてあげるとよいでしょう。

図形であそぼう！

形の特徴を意識！
目を閉じたまま書けるかな？

目隠し△□

ねらい

形のもつ要素を理解した上で、目隠し作図をすることで、
その形の特徴を意識して作図しようとすることができる。

あそびかた

目を閉じたまま、紙に図形を描きます。自分が描きたいも
ので OK です。友達に何の形を描いたのか当ててもらいま
しょう。（※全員で何の形を書こうとしたのか当ててもおも
しろいです）

あそんでみよう！

目を閉じたまま書けるかな？　目隠し△□！　目を閉じて
図形を描いてね。

心の声（星型が好きだから星をかこうかな）

さあ、友達に見せて当ててもらってください！

よし、できた。これ何だと思う？

何だろう。四角？

答えは、星型でした！　次はあなたの番ね！

70

5分 あそび

図形であそぼう！

形の特徴を意識！
線だけでお絵かき

つないでドット

ねらい

線つなぎで絵を描くことを通して、
できた絵の中にはさまざまな形が隠れていることに気づく。

あそびかた

（※事前に、縦横等間隔にドットが書かれたプリントを用意します）
いまから配る紙のドットを線でつないで絵を描いてください。描いたら友達に何を書いたか紹介してくださいね。

あそんでみよう！

線だけでお絵かき！　つないでドット！　点と点を線でつないで絵を描いてください。終わったら色を塗ってもいいですよ。では始めます。

私は家を書こうかな。家を書くためには……

僕は電車を書こう！　電車は四角いから、大きな四角を書いて……。

形をイメージしながら書くと、どのような形が必要かわかってくるね。

図形であそぼう！

想像力と形を結びつける！
何が入っているのかお楽しみ♡

触ってDON!

ねらい

手で触った感覚や特徴から、何が隠れているのかを考えることができる。

あそびかた

（※適度な大きさの段ボール箱に子どもの手が入る穴を開けて用意する。その中に日常使うようなものを入れておく）
いまからこの箱に手を入れて、何が入っているか触って当ててくださいね。

あそんでみよう！

何が入っているのか当てましょう！　触ってDON！

ん？　かたい…プラスチックみたい？？　まるっこいけれど、うーん、何だろう？？　わかりません！

答えは巻き尺でした！　ちょっと難しかったかな？？

あー！　見たことある！　ぜんぜんわからなかった！

ん－？

図形であそぼう！

偶然の中に図形を見つける！
紙を切って形をつくろう！
チョキチョキ

ねらい

紙をはさみで切っていろいろな形を作ることを通して、
形のもつ特徴に着目することができる。

あそびかた

 いまから1人1枚紙を配付します。それをはさみで切って
いろいろな形を作ります。友達と、仲間分けをしたり、台
紙に貼ったりしてあそびましょう。

あそんでみよう！

 紙を切って形を作ろう！ チョキチョキ！ 好きな形に
切ってみてね。

 私は△が好きだから、△をたくさん作ろうかな。

 僕は家を作りたいから、△と□を作ろうかな。

 いろいろな形を作って並べてみたいね。

73

5分あそび

図形であそぼう！

体を使って形の学び！
形を体で表わそう！

ジェスチャーシェイプ

ねらい 体で形を表わすことを通して、形の特徴に合わせて表現することができる。

あそんでみよう！

 先生がある形をある人に見せます。その人は体でその形を表現してください。みんなはその形が何かを当ててください。

 それじゃあやるね！　（四角の動き）

 丸じゃなさそうだな……。四角かな？

74

5分あそび

図形であそぼう！

折って、折って形を作ろう

折り紙シェイプ

ねらい 折り紙を折って形を作ることを通して、自分が作りたい形を作るにはどのように折ればよいかを考えることができる。

あそんでみよう！

 いまから折り紙を自分が作りたい形に折って、あそびましょう。

 四角に折るにはどうしたらいいかな？

 何枚か組み合わせて形を作っても楽しそうだね！

5分 あそび

図形であそぼう！

集中力を鍛える！
プリントの中に潜む形を見つけよう
かたちかくれんぼ

ねらい　プリントにある絵の中から、形を見つけることができる。

あそんでみよう！

いまから配るプリントについて、その中から三角や四角を見つけましょう。

あ！　ウサギの目は丸だね！　2つあるよ！

家の屋根は三角だね。

76

5分 あそび

図形であそぼう！

できるだけ速く塗り分けよう！
色分けシェイプ

ねらい　プリントにランダムに書いてある三角と四角を色分けすることを通して、形の特徴に着目する力がつく。

あそんでみよう！

いまから配るプリントの三角は赤、四角は青で塗ります。
3分で塗ってみましょう。

三角は赤、これも三角だから赤、これは四角？　だから青……。

形を見て、色を考えて……って難しいね！

図形であそぼう！

範囲が広がっても集中力が育つ！
教室に隠れた形を見つけ出せ！

かたちかくれんぼⅡ

ねらい

教室の中に隠れている形を見つけ出す活動を通して、
日常の中に形が隠れていることに気づくことができる。

あそびかた

教室を歩き回ってどのような形が隠れているか探しましょう。探したら、ノートに書いたり、タブレット端末で写真を撮るなどしましょう。

あそんでみよう！

教室に隠れた形を見つけ出せ！　かたちかくれんぼⅡ！
教室に隠れた形を見つけて、ノートに書いたり、タブレットで写真を撮ってね。

窓って四角だよね。

黒板も四角だね。四角のものってたくさんありそうだね。

逆に三角とか丸とかってあまりないような……。

78

15分
あそび

次を予測しながら進める力！
ドットをつないで迷宮作り

直線ラビリンス

ねらい

ドットをつないで、迷路を作ることを通して、入口と出口をつくるという前提のもとで筋道を立てて思考することができる。

あそびかた

（※事前に、縦横等間隔にドットが書かれたプリントを用意します）
いまから配る紙のドットをつないで迷路を作りましょう。
直線ラビリンス！　友達と解き合うとおもしろいですよ！

あそんでみよう！

出口は１つにしないといけないから……。

あれ？　これだと行き止まりになってしまうな。どこを開けようかな。

出口が３つあるよ。これはまずい……。

どこに線を引くかで大きく変わってくるな。

図形であそぼう！

形の特徴を当てはめる！
丸・三角・四角で顔を作ろう！

シェイプ福笑い

ねらい

形を使った福笑いをすることで、
手で触った形の特徴を捉えて作ることができる。

あそびかた

いまから先生が紙で切った丸・三角・四角の形をいくつかずつ班ごとに配ります。班でじゃんけんをして勝った人が、目を閉じてこの紙の形で人の顔を作ってね。ほかの子は、方向をことばで伝えて、顔を作るのを助けてください。

あそんでみよう！

丸・三角・四角で顔を作ろう！　シェイプ福笑い！　目を閉じた人がちゃんと作れるように、周りでしっかり声をかけて福笑いを完成させましょう。

あ〜！　ちがうちがう！
もっと下だよ！

え？　下？

行きすぎ、行き過ぎ！
もう少し上！

80

15分 あそび

形に美を見出せる！
自分だけの色、自分だけの形に
MY COLOR SHAPE

ねらい

自分で紙に色を塗って、形を切り出すことを通して、色と形に
対する見方を広げることができる。

あそびかた

いまから白い画用紙を配るので、クレパスで好きな色を塗
りましょう。その画用紙を自分が好きな形に切って、自分
だけの色と形を作ってください。

あそんでみよう！

自分だけの色、形を作ろう！　好きな色を塗って好きな形
に切ってね！

僕は、虹を描いて、それを四角や丸で切り出したいな。

私は、シャボン玉を書いて、丸に切ってみたいな。

私は、適当に色を塗ってから切ろうかな。そしたら何かお
もしろいことが起きそう！

45分
あそび

図形であそぼう！

図工と合わせて！
自分だけの色と形を作って
シェイプコラージュ

ねらい

自分が作ったオリジナル色紙をさまざまな形に切ってコラージュ作品を作ることを通して、形の特徴などに着目する力をつける。

あそびかた

（前頁の15分あそびのMY COLOR SHAPEの延長です）
いまから白い画用紙を配るので、クレパスで色を塗りましょう。その画用紙を自分が好きな形に切って、自分だけの色と形を作ってください。色を塗った紙を好きな形に切って台紙に貼っていきましょう。

45分間の流れ

意識付け（5分）	図工の時間に作った自分色紙を使っていろいろな形を作り、コラージュ作品を作ることについて意識付けをします。
活動のデモンストレーション（5分）	自分色紙から形を切り出して、コラージュ作品を作る過程を実際にやってみせます。
制作の活動（25分）	デモンストレーションと同じように、自分色紙から形の切り出しを行います。それを台紙に貼って自分が作りたいコラージュ作品を作ります。
振り返り（10分）	実際にやってみて、どのような形を多く使ったのかを振り返ることを通して、作りたいものと形の特徴を一致させていきます。

あそんでみよう！

 自分で色を塗った画用紙色紙から形を切り出して、コラージュ作品を作りましょう！　シェイプコラージュ！

 私は、お花畑を作りたいから丸と三角を作りたいな。

 電車を作るから四角と丸を切り出したいな。どの色紙を使おうかな。

[振り返り]

 お花を作るときに葉っぱも三角で表わしたらよかったです。

あそびを成功させるためのポイント

● 自分の色紙だけでなく、友達の色紙を少しもらったり、共用の色紙を用意したりすることで、イメージが広がります。

● 図工の時間に造形あそびとして自分色紙を作る時間を設定するとよいです。

82

45分
あそび

図形であそぼう！

図工と合わせて！
偶然が作るすてきな模様
色紙シンメトリー

ねらい

色紙を折って切る活動を通して、同じ形がたくさんできるという「折って切る」ことのおもしろさに気づく。

あそびかた

色紙を好きな回数折って、切りましょう。広げたときに、同じ形がたくさんできたり、不思議な模様になったりするので、お友達と見せ合って楽しみましょう。できたものは台紙や黒板に貼りましょう。

45分間の流れ

意識付け（5分）	自分たちの身の回りにある模様をいくつか紹介し、同じ形がたくさんあるという意識付けをします。
切り紙のデモンストレーション（5分）	紙を折るときのポイントや切り方などを実際にやってみせます。
実際に切る活動（25分）	デモンストレーションと同じように、紙を折って切る活動を位置付けます。切った模様は黒板に貼ったり、台紙に貼ったりしましょう。
振り返り（10分）	切り方によって模様が異なることや、切る場所によってつながったりばらばらになったりすることに気づかせます。

紙を折って、切っておもしろい形を作ろう！　色紙シンメトリー！　できた形は台紙に貼ったり、黒板に貼ったりしていいですよ！

 こうやって折って、もう1回折って……。三角に切るとどうなるかな？　あれ？　開いたら四角になった。何でだろう？

 何でそんなにきれいになるの？　私のはばらばらになっちゃったよ？

 どうやら切り方や切る場所によってできる形が全然違ってくるみたいですね。

あそびを成功させるためのポイント

● できるだけ薄い紙を使うと子どもたちは切りやすくなります。
● 模様のある色紙だとできあがりが違って見えます。

時間、長さ、量を測ってみよう！

生活時間をコレクション！
学校生活の時間を再現？

コレナンジ？

ねらい

学校生活の区切りの時刻を時計型学習器具を使って学ぶことを
通して、学校生活の中で時刻を意識して行動できる。

あそびかた

（※1人1つ時計型学習器具を用意します。なければ、針
の書かれていない時計のプリントを用意）
いまから先生が、学校生活の中の出来事を言います。みん
なはその時間を時計で表わしてくださいね。

あそんでみよう！

○○しましょう！　コレナンジ？　みなさんは時計で何時
の出来事か表わしてください。では始めます。
朝の会が始まりました。はい！　合わせましょう！

え～っと。朝の会は確か、長い針が5のところで……。

ねぇねぇ、それ、もう1時間目が終わっているよ！

あれ？　本当だ！　短い針のことを考えていなかった！

時間、長さ、量を測ってみよう！

学校生活をクイズにできる！
時刻から何のときか当てよう！
コレイツ？

ねらい

特定の時刻を見せることを通して、学校生活の中でそれが何を
する時刻なのかを理解することができる。

あそびかた

（※教師が時計型学習器具を用意しておく）
いまから先生が学校生活の中で見る時刻を見せます。それ
が何をするときか当てましょう。

あそんでみよう！

何をするとき？　コレイツ？　時計の時刻はみんなが何を
するときかな？（見せる）

ん？　これは何をするときだろう。

あ！　わかりました！　給食が始まる時間です！

時間、長さ、量を測ってみよう！

5分
あそび

あそびながら時計を学ぶ！
グー、チョキ、パーのどれを出すかも大事!?

時計じゃんけん

ねらい

じゃんけんで勝った分だけ時間を進める活動を通して、時刻を読めるようになる。

あそびかた

（※時計型学習器具を1人1つ用意します）
みんなの手元にある時計の長い方の針を、じゃんけんをしてグーで勝ったら数字1つ分（5分）、チョキで勝ったら数字2つ分（10分）、パーで勝ったら数字3つ分（15分）動かします。最初に1時間進めた人の勝ちです。

あそんでみよう！

どれを出すかも大事？　時計じゃんけん！　誰が最初に1時間進められるかな？　では始めてください。

じゃんけんぽん！　パーで勝ったから3つ進めるわ！

じゃんけんぽん！　ふふふ！　チョキで勝ったから2つ進めるよ！

パーはたくさん進めるけれど、ずっと出しているとチョキに負けちゃうのね。

時間、長さ、量を測ってみよう！

長さの概念を作る！
みんなで協力して並べよう！
SORT LENGTH

ねらい

鉛筆を短い順に並べる活動を通して、直接比較で量を見る力を
つける。

あそびかた

> みんな、筆箱から1人1本鉛筆を出して、先生が合図した
> ら、座っている列のみんなで短い順に並べます。一番早く
> 並べた列の勝ちです。（順番を長い順にしたり、他の物を混
> ぜて比べたりするとより盛り上がります）

あそんでみよう！

> みんなで協力して並べよう！　SORT LENGTH！　列のみ
> んなの鉛筆を短い順に並べて！

> おー！　みんな短いのもちゃんと使ってるんだね！

> わー！　この列が一番早く並べたよ！

> 鉛筆の列もうちの列が一番短いよ！

5分 あそび

時間、長さ、量を測ってみよう！

比べることで、長さを意識！　できるだけ長く！

チョキチョキペーパー

ねらい 紙をできるだけ長く切る活動を通して、どのように切れば長くできるかを考えて切ることができる。

あそんでみよう！

> いまから渡すB5サイズの紙をできるだけ長くなるように切ってください。一番長くなった人の勝ちです！

> できるだけ長くなるように……。

> 途中で紙を回転させたらよさそうだね。

5分 あそび

時間、長さ、量を測ってみよう！

直接比較をゲーム化！　同じ長さの人を探そう！

SAME LENGTH

ねらい 直接比較をして、自分と同じ長さのテープの友達を見つけることができる。

あそんでみよう！

> （※ランダムな長さで、同じ長さのテープを複数セット用意する）いまからみんなにテープを配ります。かならず誰か同じ長さのテープを持っている人がいます。歩き回って同じ長さの友達を探しましょう。

> 比べてみようよ！

> ん～！　少しだけAさんの方が長いね！

89

5分
あそび

時間、長さ、量を測ってみよう！

直接比較をゲーム化！
同じ広さの人を探そう！

広さどこさ？

ねらい 直接比較をして、自分と同じ広さの紙の友達を見つけることができる。

あそんでみよう！

（必ず、同じ広さが２つ存在する長方形の紙を用意しておきます。このとき、長方形の１組の辺の長さは全員同じにしておきます）いまからみんなに長方形の紙を配ります。同じ大きさの紙を持っている人がかならずいるので、歩き回ってその友達を探しましょう。

比べてみようよ！

ん〜！　少しだけＢさんの方が広い！

90

5分
あそび

時間、長さ、量を測ってみよう！

任意単位による比較をゲーム化！
自分の基準で測ってみよう！

ナンコブン

ねらい 身の回りのものを任意単位によって比較する活動を通して、大小比較する力をつける（長さ、かさ、広さ）。

あそんでみよう！

いまからみんなの身の回りのものの長さが何の何個分になっているかを調べましょう。たとえば、先生の机の高さは鉛筆○本分です。こんなふうに自分で単位を決めて、教室の中のものを測ってみましょう。

机の長さは、僕の消しゴム25個分だな！

時間、長さ、量を測ってみよう！

戦略的に自陣を広げる力を！
広さを競え！

陣取りゲーム

15分
あそび

ねらい

陣取りゲームを通して、広さを任意単位のいくつ分かを考える力をつける。

あそびかた

2人一組になってノートに5×5のマスを書いてください。じゃんけんをしてグーで勝ったら数字1つ分、チョキで勝ったら数字2つ分、パーで勝ったら数字3つ分マスに色を塗ります。必ず、自分のマスにくっつくように塗らなければなりません。最終的にマスの数が多い方の勝ちです！

あそんでみよう！

広さを競え！　陣取りゲーム！　じゃんけんで勝った分だけ色を塗っていきましょう。どっちが勝つかな？

じゃんけんぽん！　よし！　パーで勝ったから3つ塗るぞ！

じゃんけんぽん！　ふふふ！　チョキで勝ったから2つ進めるよ！

パーはたくさん進めるけれど、ずっと出しているとチョキに負けちゃうな。

15分
あそび

時間、長さ、量を測ってみよう！

量感を鍛える！
ぎりぎりで止めよう
量感ジャグチット

ねらい

目隠しして、容器に水を入れる活動を通して、どのくらいの重さで満タンになるかという量感を育てることができる。

あそびかた

目をつぶって容器に水を入れ始めます。満タンになるときを見計らって、水を止めます。みんなでやってみて一番満タンに近かった人の勝ちです！

あそんでみよう！

ぎりぎりで止めよう！　量感ジャグチット！　目を閉じて容器に水を入れ、ぎりぎりで止めましょう！　あふれてしまったら、ゲームオーバーですよ。

わ〜。どんどん重くなってくる。そろそろかな？　よし！

お〜！　もう少しで満タンだったね！

次は私の番ね！　あれよりもぎりぎりを目指したらいいのね！

93

15分
あそび

比較の仕方を考える！
どれかが同じ！
オナジカサ

ねらい

移し替えたり、並べたりして水のかさを比べる活動を通して、
容器が異なっても同じかさの容器が存在することに気づく。

あそびかた

（※班１つあたり５〜６個の異なる容器を用意します。そ
のうち２つだけ同じかさの容器を準備します。給食などで
でたゼリーのカップなどを取っておくとよいでしょう）
いまから配る容器を班で協力して水を使い、同じかさの容
器を見つけてね。

あそんでみよう！

どれかが同じ！　オナジカサ！　いまから配る容器の中か
ら同じかさの容器を２つ選び出してください。

とりあえず、移し替えてみようか！

そうだね！　あふれたら違うし、足りなくても違うよね！

でもそもそも、これと同じかさの容器があるとは限らない
ね。

15分
あそび

時間、長さ、量を測ってみよう！

任意単位のいくつ分かを意識！
コマの動かし方を考えて……

ラビリンス　ウォーク

ねらい

１マスを１つ分として捉えて進む活動を通して、
何手でゴールできたかを考えることができる。

あそびかた

（※P91の直線ラビリンスで作った迷路を使います）迷路を友達と交換してください。迷路に消しゴムを置いて、１マスを１つ分として捉え、交互に進めていきます。先にゴールした方の勝ちです。

あそんでみよう！

コマの動かし方を考えて！　ラビリンスウォーク！　友達の迷路を先にゴールした方の勝ちです。しっかり何手でゴールしたか数えておきましょう。

よし、こっちに進もう！　あ、この先は行き止まりよ！

いまのうちに進めるぞ！

先を見て、どのように動かしていけばよいかを考えることが大切ですね。

45分
あそび

時間、長さ、量を測ってみよう！

任意単位の比較を！
かさも任意単位で……

ナンバイブン

ねらい

直接比較、間接比較できないかさの比べ方を考えることを通して、かさも任意単位のいくつ分かで考えることができるようになる。

あそびかた

（※子どもたちに家から、容器を1人1個持ってきてもらいます）
みんながおうちから持ってきた容器に、このカップで水を量って入れていきましょう。カップ何杯分になるか調べて、一番量が入るのは誰の容器かみんなで確かめましょう。

45分間の流れ

意識付け(5分)	水のかさを比べるときの方法として、任意単位のいくつ分かで比べることができることを意識付けます。
かさ比べのデモンストレーション (3分)	かさ比べをするときのポイントなどを実際にやってみせます。
かさ比べの活動 (30分)	デモンストレーションと同じように、かさ比べを行います。基準となるカップを使って何杯分かを測定して、記録していきます。
振り返り(7分)	自分の予想とどうだったかという観点をもとに、振り返りを行います。その中で、「このくらい入るかな」という量感を意識させるとよいでしょう。

あそんでみよう！

誰の容器が一番入るかな？　ナンバイブン！

私の容器が一番入ると思うな。だってみんなの容器よりも少し、長いもの。

でも、その分細くない？　そう考えたらあまり変わらないような気もするんだけど。

[測定]

私の容器は、8杯と少し入ったよ！

僕のは7杯だった！　ということはAさんの方がたくさん入るね！

かさも「いくつ分」を使うと「どのくらい」違うかを考えることができますね。

あそびを成功させるためのポイント

● 15分あそびの「オナジカサ」の次の時間に設定するとよいでしょう。
● できるだけ透明の容器を持ってくるようにと伝えましょう。

時間、長さ、量を測ってみよう！

面積につながる意識付け！
違う形なのに同じ広さ？

広さパズル

ねらい

５×５のマスを線に沿って切り取って、並べ替えて、いろいろ
な形を作ることを通して、形は異なるのに、同じ広さであると
いう量の保存について気づく。

あそびかた

いまから、５×５のマスをみんなに配ります。線に沿って
好きな形に切り離してください。切り離したものを使って
違う形を作ったり、元の５×５の形に戻したりしてあそび
ましょう。

４５分間の流れ

意識付け(5分)	５×５のマスを使っていろいろな形を作ることについて意識付けをします。
広さパズルのデモンストレーション（5分）	マスの切り離し方や形の作り方を実際にやってみせます。
広さパズルであそぶ活動(25分)	デモンストレーションと同じように、広さパズルであそぶ活動をします。友達のパズルができるようにセッティングしてもよいでしょう。最後に、どれが一番広い？　と問うことで、「同じ紙を切っているのだから、全て同じ広さ」であることに気づかせましょう。
振り返り(10分)	同じ量を使っても、できる形が違ってくるという広さの不思議を教室の形や、机の広さなどと関連づけて教師が話します。

あそんでみよう！

 5×5のマスを切り取ってあそびましょう！ 広さパズル！

 でこぼこになるように切ると楽しいな。

 5マスになるように切ったら、全部5マスのピースができたぞ！

 並べ替えたら、おもしろい形ができたよ！

 どの形が一番広いですか。

 え！ どれが一番広いのかな？

 もともとみんな同じ広さの四角を切っているから、みんな同じだと思います。

そうですね。形が違っても同じ広さのものってたくさんあるのですね。

あそびを成功させるためのポイント

● 厚めの画用紙に印刷すると紙が破けたり折れたりせずに使えます。
● マスの枠線は太めにしておくと、輪郭線がはっきりします。

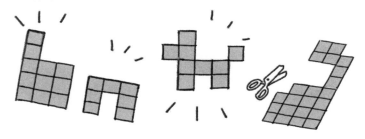

97

5分
あそび

探究的な活動にできる！
一番多い（一番少ない）質問を考えろ！
データ取りクエスチョン

ねらい

回答が一番多い（一番少ない）質問を考えることを通して、回答者の人数を数える力がつく。

あそびかた

代表者が1人、前に出てきてください。みんなに聞いたら一番同じ意見が多そうな（少なそうな）質問を考えて出題してください。代表者と回答者は手を挙げた人を数えます。何人か代表が交代して質問していく中でみんなと同じ意見が一番多かった（少なかった）人の勝ちです。

あそんでみよう！

一番〇〇な質問を考えろ！　データ取りクエスチョン！
いまから代表の人に質問してもらいます。手が挙った人数が一番多かった（少なかった）質問をした人の勝ちです。
では始めます。

今日、お昼休み外であそんだ人？

20人か。まあまあだな！

98

5分
あそび

データ活用で楽しもう！

大小関係を把握できる！
どれが一番多いかな？

NUMBER SORT

ねらい

ランダムに配られた数字カードを同じ数字で並べることを通して、どの数が一番多いか判断することができる。

あそびかた

 （※あらかじめ教師が数字カードを用意します）いまからランダムに数字が書かれたカードを配ります。同じ数が何枚も入ってるカードです。その中で一番枚数の多い数字カードを見つけましょう。

あそんでみよう！

 どれが一番多いかな？　NUMBER SORT！　配られた数字カードで一番枚数が多いカードはどれか考えましょう。

 順番に並べたらわかりやすいね。

 同じカードはどうする？　重ねる？

 重ねたら何枚あるかわからないからずらしながら置こう！

5分
あそび

データ活用で楽しもう！

統計的にまとめる力を！
グー、チョキ、パーのどれで勝ったかな？
じゃんけんリサーチ

ねらい

じゃんけんをして、勝った手をぬり絵で記録していくことを通して、簡単な絵図でまとめる方法を知る。

あそびかた

グー、チョキ、パーがそれぞれ縦に5個ずつ書かれた紙をいまから配ります。2人でじゃんけんをして、勝った人は、勝った手に色を塗ります。どの手で一番勝ったのかを比べてみましょう。

あそんでみよう！

どれで一番勝ったかな？　じゃんけんリサーチ！　じゃんけんをして、勝った手に色を塗っていきましょう。一番勝ったのはどの手かな？　では始めてください。

じゃんけんぽん！　よし、グーで勝ったから、グーに色を塗るわ！

じゃんけんぽん！　よし、パーで勝ったから、パーに色を塗ろう！

一番勝つことができた手は何でしたか？

5分
あそび

データは1日にしてならず！
毎日何かのデータを集めよう
毎日ログ

ねらい

継続して、何か1つのデータを集めて集計することを通して、学級で起きていることを可視化することができる。

あそびかた

（※何か学級でテーマを考え数えるものを決めておきます。たとえば、落とし物の数とか、アサガオの咲いた数とか）
今日もアサガオの咲いた数をみんなで調べて、数を記録しましょう。

あそんでみよう！

毎日ログ！　今日も、アサガオが何輪咲いているのか見に行こう！

全部で41輪咲いていたよ。

昨日より、4輪増えたね。明日はもっと増えたらいいな。

毎日調べることで、変化がわかりやすいですね。

データ活用で楽しもう！

客観的な視点で自分を見つめる！
自分たちを数値化！

学級力アンケート

ねらい 月に1回の学級力アンケートをすることを通して、自分の学級の成長をデータで見る力がつく。

あそんでみよう！

 学級力に関するアンケートをタブレット端末で行い、データ化します。今月分を入力してみましょう。

 今月は、みんなで協力することができたから、4にしておこう。

 学習でよく手を挙げたから、4にしておこう！

 みなさんが打ち込んだものをデータ化するとこうなりました。

データ活用で楽しもう！

データにする力を！
みんなが思っていることを数値化！

いきなりアンケート

ねらい 質問に対して、自分たちの回答が何だったのかを受けて、絵図グラフに表わす。

あそんでみよう！

 クラスみんなでアンケートに答え、それをグラフ化していきましょう。
好きな果物は？

 りんご、バナナ、もも……。整理できそうだな。

5分
あそび

データ活用で楽しもう！

インプットとアウトプットを素早く！
出てくるデータで一番多いものを叫べ！

フラッシュデータ

ねらい 画面に映し出されるさまざまなデータを見ることを通して、データの個数に着目することができるようになる。

あそんでみよう！

（※教師があらかじめいくつかのデータを整理したものをスライドにまとめておきます）
いまからデータを見せます。一番多いものをすぐ答えてね。この中で一番多いものは？

ぞうが一番多いです！

正解です！

104

5分
あそび

データ活用で楽しもう！

即時データ化！
言われた数だけ、丸図で表わそう！

丸図ファクトリー

ねらい 教師から指示されたものを指示された個数だけ、できるだけ速く丸図に表わす活動を通して、データ整理の力をつける。

あそんでみよう！

先生がものと個数を指定したら、それをできるだけ速く丸図で描いてね。リンゴを2こ。

丸を2つっと。

データ活用で楽しもう！

自分の予想を信じよう！
どのくらいの人数か予想しよう！
結果予想士

ねらい

質問に対する結果を予想することを通して、回答者の人数を考える力がつく。

あそびかた

代表者が1人、前に出てきて、質問を考えて、出題してください。そのとき、代表者と回答者はその質問で手を挙げそうな人数を予想して記録しておきます。何人か質問した中で一番誤差の少なかった人の勝ちです。

あそんでみよう！

2人一組になってノートに5×5のマスを書いてください。じゃんけんをしてグーで勝ったら数字1つ分、チョキで勝ったら数字2つ分、パーで勝ったら数字3つ分マスに色を塗ります。必ず、自分のマスにくっつくように塗らなければなりません。最終的にマスの数が多い方の勝ちです！

今日、お昼休みに外であそんだ人？

20人くらいじゃないかな。

私は17人だと思う。

22人だ！　僕が一番近いね！

正解は
22人!!

データ活用で楽しもう！

自分を客観的に見てみよう！
自分のことをデータ化しよう
マイバロメーター

ねらい

自分のことをデータ化することを通して、自分のことを数値で伝えたり、相手のことを数値で捉えたりすることができる。

あそびかた

いまから先生が４つ質問します。１〜４の数字で答えてください。それを友達と共有して、自分のことを紹介したり、友達のことを知ったりします。

あそんでみよう！

自分のことをデータ化しよう！　マイバロメーター！　いまから先生が言う質問に１〜４の数字で答えてください。４が一番高い数字です。国語の学習は好きですか。

ん〜。本を読むのは好きだけれど、漢字が苦手だから３かな……。

私は４にしたよ。本の中に出てくる漢字をいっしょに覚えられるから。

データ活用で楽しもう！

一番身近なデータを整理！
テストのデータを集めよう

テストログ

ねらい

国語と算数の評価テストを表計算ソフトに打ち込むことで、自分の得意なことや苦手なことを把握することができる。

あそびかた

（※予め表計算ソフトで、国語と算数の評価テストの集計表を作成しておきます。それを子どものタブレット端末に配付して、テストを返却するたびに打ち込んでいきます）
これからテストを返すので、みんなはいつもの評価テストの集計表に自分のテストの点数の結果を打ち込んでね。

あそんでみよう！

今日は漢字の50問テストを返します！

夏休み前のテストよりも
４点伸びたな。この調子！

漢字は得意だけれど、説明文
はどうも苦手みたい。

※家庭の端末からも見られるようにしておけば、保護者も見ることができます。

データ活用で楽しもう！

大小関係もデータには必要！
カードを交換して……
サイレントソート

ねらい

しゃべらずに自分の数字を伝えることを通して、同じ数で集まる、順番に並べるという意識を育てることができる。

あそびかた

いまからトランプをランダムに1枚ずつ全員に配ります。そのカードを友達に見せずに、ジェスチャーだけで同じ数の人と集まったり数の順に並んだりします。

あそんでみよう！

しゃべらず並ぼう！　サイレントソート！　時間内に同じ数字のカードをもつ人たちで集まり、それが順番に並んでいたら成功です。ただし、しゃべってはいけませんよ。

ジェスチャーで（2！　2！）

ジェスチャーで（こっち、こっち！）

ジェスチャーで（OK!）

データ活用で楽しもう！

アンケートを取る力！
自分たちでテーマを決めて
聞いて聞いてアンケート

ねらい

自分たちでテーマを決めてアンケートを取ることを通して、抜けなく調べたり、データの個数に着目して調べたりすることができる。

あそびかた

班で1つテーマを決めて、それに関する項目を4つ考えます。それぞれが名簿を基にクラスの友達に質問をしていって、取ったデータを絵グラフに表わしていきましょう。

45分間の流れ

意識付け(5分)	データを正しく取ることができるように、アンケートのポイントやまとめ方のポイントについて意識付けをします。
絵グラフ化のデモンストレーション(3分)	取ったデータを絵グラフにする一連の流れを実際にやってみせます。
アンケートと絵グラフ化の活動(25分)	デモンストレーションと同じように、アンケートの絵グラフ化をします。誰にアンケートをしに行くか決めてから行うとスムーズです。終わった班から集計して絵グラフを作ります。
振り返り(12分)	作り終わったら、その絵グラフから何がわかるか班で話したり、他の班に紹介したりします。

自分たちで決めたテーマを基にみんなにアンケートを取りましょう！　聞いて聞いてアンケート！　調べ終わったら絵グラフに表わしましょう！

 私たちの班は好きな果物だから、リンゴ、バナナ、みかん、ブドウの4つの中から好きな果物を選んでもらおう！

 それぞれ誰に聞きに行くかを決めれば時間はかからないね。

[集計後]

 リンゴは14人、バナナは4人、みかんは6人、ブドウは7人だったね。

 リンゴが圧倒的に多いね！

 早速絵グラフに表わそう！

あそびを成功させるためのポイント

● 子どもたちの進み具合に応じて、アンケートを取る時間と、絵グラフに表わす時間に分けてもよいです。

● 事前にテーマを決めておくとスムーズです。

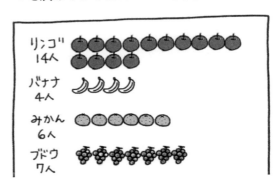

45分
あそび

大きさをそろえて！
みんなが撮った写真を集めて……
写真DEグラフ

ねらい

それぞれが学校の外で撮ってきた植物の写真を1つのシートに
まとめることを通して、大きさや向きをそろえる力がつく。

あそびかた

> タブレット端末で撮った学校内の植物の写真を、1つの
> シートに並べていきます。そのときに、写真の大きさや向
> きをそろえることをやってみましょう。

45分間の流れ

意識付け(5分)	タブレット端末に保存した写真を絵グラフのように整理していくことについて実際に整理したものを見せながら意識付けをします。
整理のデモンストレーション(3分)	整理の仕方や画像を入れるときのポイントなどを実際にやってみせます。
写真集約の活動(25分)	デモンストレーションと同じように、自分たちが撮った写真を1つのスライドデータに入れていきます。その際、大きさをそろえたり向きを同じにしたりすることに気をつけます。
振り返り(12分)	グラフ化が終わった後に、そのグラフからわかることを班で共有したり、他の班に発表したりします。

あそんでみよう！

みんなが撮った写真を集めて、整理しましょう！　写真DEグラフ！　何が一番多いかな？

この前の生活科の学習で結構写真撮ったからな。

同じ花の写真はその上に並べていこう！　そうしたら個数がわかりやすいね！

[活動後]

みんなけっこう写真を撮っていたんだね！

ヒマワリの写真が一番多いかな？

大きさがそろっていないからヒマワリが一番多く見えるんじゃない？

本当だ！　数えたら、ミニトマトの方が多いね！

あそびを成功させるためのポイント

● 生活科の学習などでタブレット端末を使って植物の写真を撮っておくと整理の対象になります。

著者あとがき

「学習の中にあそびを位置付けるって、簡単そうで難しい」

　この本を書いている中で僕が感じたことです。

　ただあそびっぱなしのものになっていないか？　ちゃんと教科のねらいや子どもの思考はつながっているのか？　そんなことを考えながら1つ1つあそびを精選し、110個のあそびを作り上げていきました。

　5分あそびではあまり準備がなくてもすぐできるもの。15分あそびでは、子どもがあそびの中でしっかり思考できるもの。45分あそびは、1単位時間の中にあそびの要素を位置付けたもの、というテーマで書いています。

　その中でも、自分なりにルールを変えてみたり、人数を変えてみたりすることで、新たな学びが創造できるのではないかなと思っています。この本を読んでくださった先生一人ひとりがあそびと真剣に向き合って、それを子どもにどう還元していってくれるのか、福岡の地から楽しみにしています。

　終わりになりましたが、執筆にあたって、監修してくださった香里ヌヴェール学院小学校教諭兼研究員　樋口万太郎先生、企画から出版まで一緒に伴走してくださった学陽書房の山本聡子さん、新名祥江さんをはじめ編集部のみなさまに感謝を申し上げます。

渡邉　駿嗣